EINLEITUNG

IN DIE

WISSENSCHAFTSLEHRE

VON

KARL CHRISTIAN FRIEDRICH KRAUSE.

AUS DEM HANDSCHRIFTLICHEN NACHLASSE DES VERFASSERS

HERAUSGEGEBEN

VON

DR. PAUL HOHLFELD UND DR. AUG. WÜNSCHE.

LEIPZIG

OTTO SCHULZE

11. QUERSTRASSE 11.

1884.

VORREDE.

Das hiermit aus seinem handschriftlichen Nachlasse zum
ersten Male herausgegebne Werk Karl Christian Friedrich
Krause's ist veranlasst durch eine Privatvorlesung Krause's
in Dresden vom Winterhalbjahr 1812—1813, die eine „Einleitung
in die Literaturgeschichte" bilden sollte, um welche ihn ein
eifriger Anhänger und treuer Freund, der sächsische Leutnant
E. H. Hopffe, gebeten hatte. Da 1813 der Krieg ausbrach,
und Hopffe nach der damals noch sächsischen Festung Torgau
commandirt wurde, musste die Privatvorlesung abgekürzt und
von dem Vortrag der Literaturgeschichte selbst abgesehen
werden. Wir erwähnen gleich hier, dass Hopffe am Ende des
Jahres 1823 als Hauptmann in kurhessische Dienste trat, vielleicht durch Familienverhältnisse bewogen, da er sich kurz
vorher von seiner Gattin hatte scheiden lassen, und an dem
Kadettenhause zu Kassel die „Combinationlehre und Arithmetik", welche Krause zusammen mit einem andern sächsischen
Offizier, dem Artillerieleutnant Joseph Fischer, im Jahre 1812
in Dresden herausgegeben hatte, als Lehrbuch einführte. Auch
von Kassel aus erholte sich Hopffe in schwierigen mathematischen Fragen bei Krause in Göttingen Rath, den dieser auch
bereitwilligst gewährte.

Auf Grund der Nachschrift Hopffe's sowie eigner Erinnerung schrieb Krause den Inhalt jener „Einleitung in die
Literaturgeschichte", hauptsächlich in den Jahren 1812—1814,
Einzelnes auch erst 1821 in Dresden, beziehentlich Tharant und
Berlin nach und nach vollständig nieder, wählte jedoch nun, dem
wirklichen Inhalte mehr entsprechend, den Titel: „Einleitung
in die Wissenschaftslehre." Wissenschaftslehre ist bei Krause
nicht, wie bei seinem von ihm allezeit hochgeschätzten Lehrer
Fichte, das ganze System der Philosophie, sondern nur derjenige Theil, welcher von der Wissenschaft handelt, die Wissen-

schaft von der Wissenschaft oder die Wissenschaft in zweiter
Abstufe (in zweiter negativer Potenz). Die allgemeine Wissenschaftslehre enthält in sich zugleich die Wissenschaftslehre der
besondern Wissenschaften oder die sogenannte Encyclopädie
der Wissenschaften. Eine solche auszuarbeiten, war Krause
bei seiner bewundernswerthen Vielseitigkeit, ja Allseitigkeit —
mit jeder einzelnen Wissenschaft hat er sich, nach einem
wohldurchdachten Plane und in gesetzmässig bestimmten
Zwischenräumen, je dreimal eingehend beschäftigt — vorzüglich geeignet. Andre Darstellungen der Encyclopädie der
Wissenschaften finden sich in Krause's Vorlesungen über Er-
kenntnisslehre und über die Grundwahrheiten und — in wahrhaft gliedbaulichem Zusammenhange — in den Vorlesungen
über das System der Philosophie.

Die hier gegebne Darstellung deutet zwar die Wesenheit-
wissenschaften oder formalen Wissenschaften nur kurz an, enthält jedoch die Wesenwissenschaften (materialen Wissenschaften)
zum Theil in ausführlicherer Weise, als die andern Bearbeitungen. Das Ideal der Naturphilosophie, welches hier aufgestellt wird, und die Beurtheilung der gleichzeitigen sogenannten Naturphilosophie dürften von besondrer Wichtigkeit
für die Gegenwart sein.

Möge denn auch diese Schrift Krause's aus der zweiten
Periode seiner Entwickelung, in welcher ausser der schon erwähnten „Combinationlehre und Arithmetik“ noch das Urbild
der Menschheit, die drei ältesten Kunsturkunden der Freimaurerbrüderschaft, die Berliner *oratio de scientia humana et
de via ad eam perveniendi* und die Schrift von der Würde
der deutschen Sprache abgefasst sind, einerseits für sich
selbst und ihren Verfasser sprechen, andrerseits auch auf die
Schriften der ersten sowie der dritten und letzten Periode des
seltenen Mannes hinweisen!

Dresden, im September 1884.

D. H.

Begriff der Literatur

(des Schriftwesens, Schriftthumes).

Das Wort Literatura stammt von litera, Buchstabe, und dies von lino, litum; also ist literatura eigentlich das Buchstabenthum, Buchstabenwesen, Schriftwesen, daher bei den Altrömern die Schreibkunst, und ein Literator ein Schreiblehrer. Da aber bei den Altrömern literae auch die gesammte Schriftgelehrtheit hiess, z. B. literae Graecae sämmtliche griechische philosophische, schönschriftliche und geschichtliche Wissenschaften; so nannte man einen Gelehrten literatus, und die ganze Gelehrsamkeit, oder vielmehr das ganze Wissthum eines Gelehrten: literatura; und literarisch, was die ganze Gelehrsamkeit angeht. Daher noch die Ausdrücke lettres, belles lettres, homme de lettres, lettré, littérature.

Der Mensch kann und soll Alles, was er anschaut, denkt und vorstellt, schriftlich befestigen, für sich und für Andere, für Nunzeit und Zukunft, er kann schreiben. Alles, so dargestellt, heisst ein Schriftniss (Aufsatz); sofern es ein Ganzes ist, das aus mehrern Theilen besteht, ein Buch. Was nur irgend, in irgend einer Art von Sprache (Ton-, Urschrift-, Tonschrift-, Bildersprache), von irgend einem Volke, irgend einmal, wo immer (z. B. an Denksäulen, Gebäuden, Grabmälern u. s. w.), niedergeschrieben worden, gehört in die Literatur; z. B. Briefe, einzelne Inschriften u. d. m. Alles, was je Menschen auf Erden in irgend einer Schriftsprache niedergeschrieben haben, macht ein Ganzes aus: alles Angeschaute, sofern es schriftlich dargestellt ist; mag es nun vorhanden sein, oder nicht. Dies Ganze kann das Schriftthum heissen.*)

---

*) Sowohl die einzelnen Bücher und Aufsätze in ihrem Inhalte, als auch der Geist bestimmter Abtheilungen derselben gehört der Literaturkenntniss.

Von der Literatur des Alterthums ist uns Europäern sehr wenig bekannt:

Eben so sind viele Denkmale vorhanden, welche an sich selbst als Kunstwerke Gehalt haben, z. B. Pyramiden, Grab-denkmäler, Siegesmale, geschnittne Steine. Diese machen eben-falls ein in sich geschlossenes Ganzes aus; allein, was sich auf ihnen in Schriftsprache befindet, gehört zum Schriftthum, zur Literatur. Man befasst die Kunde der altzeitlichen Denk-male unter dem Namen Archäologie (res antiquaria, Anti-quitäten), obgleich darunter die Allkunde aller menschlichen Dinge in ihrer altzeitlichen Eigenthümlichkeit verstanden werden sollte.

Da es bei der Literatur auf den Inhalt des durch die Schrift Bezeichneten ankommt, so gehört das Schreibwesen (res scriptoria et libraria) nicht zur Literatur, sondern in das Ganze der Kunst.

Auch das Leben der Gelehrten und die Gelehrsamkeit, so wie die Wissenschaft selbst gehört nicht zur Literatur, sondern nur alles, das und sofern es schriftsprachlich dar-gestellt ist.

Selbst das Ganze der mündlichen Ueberlieferungen (Tra-ditionen), der Volkssagen (Mythen), Volkslieder, Volksgedichte gehört nicht zu dem Ganzen des Schriftthumes, bevor es niedergeschrieben wird. Man müsste denn statt Schriftthum den Begriff Sprachthum (Sprachnissthum, Gesprochenthum) = Sprachurkundenthum, besser: Sprachmälerthum, Sprachmal-thum annehmen.

---

a) Nur einige Andeutungen der sinischen.
b) Nur einzelne bedeutende Werke der Hindu-Literatur, und die zwar meist in Uebersetzungen und Uebersetzungen der Ueber-setzungen gelesen werden.
c) Ein kleiner Theil der altpersischen.
d) Nur sehr wenig von der altarabischen (Hiob, Lokman —).
.e) Die bedeutendsten Werke der hebräischen.
f) Nur griechische Erzählungen und unlesbare Denkmäler der ägyptischen.
g) Einige Bruchstücke der altkeltischen und altgothischen.
h) Die meisten Schönwerke der griechischen und römischen Literatur, obgleich einige Hauptwerke fehlen (z. B. Heraklit, Sappho, Platon's esoterische Schriften, Pythagoras' Werke, Aristoxenus über Musik), andere nur sehr verstümmelt zu uns gelangt sind, z. B. Aristoteles' Werke, Menander. Aus Diogenes von Laerte, Aristoteles(Lucianus?, Aelianos, Stobäus) und späterer Literatoren, Commentatoren und Lexicographen Schriften lernen wir den Reichthum der griechi-schen Literatur und unsern Verlust kennen. — Der Gedanke, dass wir dem Urborn des Lebens und der Ursonne der Wahr-heit gleich nahe, wo nicht noch näher, sind, als die Griechen und Hindus, kann allein trösten. Das Schicksal übt die Lehre der von Simonides erwünschten Vergesskunst. Die Last des nach-zuführenden Geschichtlichen (impedimenta literarum) ist ohne-hin zum Erdrücken. Das Haus wächst den Bewohnern über den Kopf zusammen. Die Schnecke mit dem Hause geht noch langsamer!

Theile der Literatur.

Das schriftlich Dargestellte kann in das Gebiet der Wissenschaft, oder der Kunst, oder in beides zugleich gehören, und alle diese drei Theile vereint machen dasjenige von dem gesammten Menschheitleben aus, welches schriftlich dargestellt wird.

I. Das Wissenschriftwesen*) oder Wissenschriftthum, die scientifische Literatur umfasst das ganze Gebiet alles von Menschen Angeschauten, sofern es um der Erkenntniss willen angeschaut wird. Mithin

1) Schriftthum der Urwissenschaft (Theologie),
2) Schriftthum der reinen Vernunftwissenschaft (philophische Literatur),
3) Schriftthum der reinen Lebenwissenschaft (historische Literatur),
    a) der Lebensgesetzwissenschaft (Literatur der empirischen Disciplinen),
    b) der Eigenlebenkunde, der Geschichte (geschichtswissenschaftliche Literatur, historische Literatur im engern Sinne).
        α) Der beschreibenden Allgemeineigenlebenkunde [z. B. Naturbeschreibung], (Literatur der Historie; dahin auch die Literaturgeschichte aller sogenannten positiven Wissenschaften gehört).
        β) Der Lebenbildkunde, der Geschichte vorzugsweise (historische Literatur im engsten Sinne).
4) Schriftthum der Vereinwissenschaft; z. B. der Philosophie der Geschichte, Philosophie der Rechtslehre u. s. w.

II. Das Kunstschriftthum oder Schriftthum der sprachlichen Kunstwerke (artistische Literatur, schöne Literatur, belles lettres, schöne Wissenschaften).**)

---

*) Bei der Wissenschaft kommt es auf das Erkennen, auf Wahrheit an, dass sich die Wesen nach ihrem Sein und Leben im Geiste so spiegeln, wie sie selbsind, und zugleich nach der Abstufung der Wahrheiten, sie alle in einer Urwahrheit befassend. — In der Kunst dagegen soll Eigenlebliches gebildet werden, damit es sei, wesensei, (an sich) selbsei, was es soll. Daher ist Wissenschaft ein Kunstwerk und die Kunst Gegenstand der Wissenschaft.

Hieraus bestimmt sich das Eigen- und Gegen-Wesentliche des Wissenschaft- und des Kunstschriftthumes.

Und sowie Wissenschaft und Kunst einen Wesenverein schliessen, so entsteht auch eine Vereinliteratur der Literatur Beider, welche das Eigenthümliche so der Wissenschaftsliteratur, als der Kunstliteratur an sich hat (in sich ist).

**) Um zu entscheiden, in wiefern die Kunstwelt zur Literatur, mithin auch in die Literaturgeschichte, gehöre, sind zwei Fragen zu

1*

1) Dichtschriftthum (poetische Literatur).
2) Redekunstschriftthum (rednerische Literatur, Literatur
der Redekünste).

Auch Volkssagen (κοινοὶ λόγοι, μῦθοι) und Volksgedichte
gehören selbst in die Literatur, sobald sie aufgeschrieben
werden, z. B. homerische, hesiodische, mosaische Mythen, indische, sinische und andere asische Mythen, deutsche Volks-
märchen und Lieder, Edda, Ossian. Und wo sich von ihnen
auch nur die Kunde erhalten, gehört doch diese in die Literatur, weil diese Kunstwerke ein Wesentheil des Menschheit-
Kunstlebens sind, auch nach ihnen weiter geforscht werden
muss, um sie der Literatur zu gewinnen.

Gott, das Urwesen, ist der Urgehalt der einen Allgeschichte; der einzige Gegenstand selbst in der Geschichte des
Wurmes; Kunst = Geistschöpfung, aus reinem Triebe, Eigenleben zu bilden, wenn es auch Niemand anschaute, wenn der
Künstler auch deshalb sein Leben und seine Ruhe zum Opfer
bringen sollte. Die Kunst ist eine, ein Dichtleben (Poesie) des
Geistes. Sie erweist den Menschen von der einen Seite gott-
ähnlich, als einen Allweltschöpfer. Die Welt der Kunstdar-
stellung ist verschieden. Ein Homer würde als Maler tausend
schöne Gemälde, als Bildhauer tausend schöne Bildwerke,

---

beantworten: 1) was ist Kunst? 2) und welcher Theil der Kunst gehört
in die Literatur?

Kunst ist das Vermögen, durch Urthätigkeit, welche durch Uebung
Fertigkeit wird, nach Ideen Eigenlebliches (Eigenbestimmtes) zu bilden.
Das Wirkniss (Gewirktniss) dieser Urthätigkeit ist ein Kunstwerk. Die
Kunst und ihre Werke sind vierfach: urwesentlich, ewig (ideal), eigenleblich (real) und ewig-eigenleblich. Eigenleblich ist jedes Kunstwerk,
allein es kommt darauf an, ob im Eigenleblichen das Eigenlebliche
(innige Kunst), oder das Urbildliche (schöne Kunst), oder das Urwesentliche
(gottinnige Kunst) gebildet werden soll. Z. B. die Tanzkunst ist eine
urbildliche Kunst, die Künste des Gleichgewichtes (äquilibristische
Künste, Seiltanzen, Kunstreiten u. s. w.) sind überwiegend innige oder
eigenlebliche Künste. Ein Kunstwerk kann zugleich, oder überwiegend
nützlich sein; das ist, es kann, ihm selbst zufällig, Nutzen gewähren,
oder um des Nutzens willen gebildet werden, z. B. eine Uhr, ein Haus;
doch ist ein Gebäude denkbar, das gar nicht um des Nutzen willen
gebildet wird. — Ein kunstreich ausgebildeter Menschenleib ist ein vierfach vollendetes, allharmonisches Kunstwerk. Das Menschenleben und
Menschheitleben selbst ist ein allharmonisches Kunstwerk.

Um nun zu bestimmen, welche Künste der Literatur gehören, dürfen
wir uns nur erinnern, dass Alles, was durch die Sprache dargestellt wird,
in die Literatur eingeht. Die Sprache aber selbst ist ein nützlich-innig-
schönes Kunstwerk. Sie dient, um das ganze Leben, mithin auch das
ganze Kunstleben des Geistes, innerhalb ihrer Schranken, auf eigenbestimmte, eigenschöne Weise zu bezeichnen. Ihre Bezeichnung ist einseitig, sie stellt nicht den gleichzeitigen Ingehalt des Geistlebens ganz
dar, sondern nur stetig mit Auswahl einer einseitigen Richtung. Zwar
sind die Grenzen der Urschriftsprache, ja schon der Tonschriftsprache in
dieser Hinsicht weiter als die der Tonsprache, indem sie eines grössern
Neben-Einander fähig ist; dagegen zeichnet sich die Tonsprache vor

als Tragiker tausend schöne Tragödien haben dichten können, wenn menschliche Begrenztheit es gestattete; — so eigenlebte ihm die troische Geschichte! Die Poesie — Kunstleben — ist ein göttlicher Trieb, das Göttliche zu gestalten; — ein Gottahmtrieb. Der Dichter wirkt Gott als Schöpfer ähnlich. Sein Inleben ist eine Gottahmschöpfung.

Nur eigentliche Kunstwerke, sofern sie schriftlich dargestellt sind, gehören hieher. Ein Werk der Wissenschaft muss sich durch sein Eigenwesentliches von jedem reinen Kunstwerk unterscheiden. Das Wissenschaftswerk will Anschauung als solche hervorbringen; es ist auf Erkenntniss abgesehen. Das reine Kunstwerk dagegen will rein ein Eigenlebliches gestalten, aus reinem Intriebe, rein als solches. Freilich muss ein Kunstwerk auch anschaulich sein! — Die Wissenschaft will ein Bild der Welt im Geiste; die Kunst ist selbst eine Welt!

Ein wesentlicher Theil der Kunstliteratur ist die musikalische. Denn, so wie das Gedicht die ganze Einbildwelt (Indichtwelt, das Indichtall, Inschaffniss) in einem Zeichengliedbau (in der Sprache) darbildet, so die Tonzeichenkunst (Notirkunst) diesen einzelnen Theil der Inanschauung (die Ton-Inbilde) durch eine einzelne Art der Sprache. — Auch

ihr aus durch die stete tonliche Darstellung des Gemüthes, welche, mit Geberde und Bewegung verbunden, eine einseitige Allheit erlangt. Die Urschriftsprache ist plastisch, die Tonsprache musikalisch vollendbar. Das ganze Geistleben als Kunstwerk ist mithin Gegenstand der Sprachdarstellung, und zwar ebenfalls in seiner vierfachen Kunstbelebung. Das Leben des Geistes, sofern es dem Eigenleblichen Ideen vermählt, ist Dichtung, Poesie; sofern es allharmonisch kunstreich sich vollendet, Lebendichtung, Allkunstleben. Daher zeichnen sich in den sprachlichen Kunstwerken zwei Sphären aus, die poetische, gedichtliche, und die rhetorische, die der Schönredekunst.

Die Sprache als selbst ein innig- (besser: unendlich-, ureigenleblich-) schönes Kunstwerk muss in Allem dem zu Bezeichnenden gemäss sein, und zuvörderst das gesetzliche Walten des ganzen Geistlebens in ihrer Lebengestaltung nachahmen. Dessen ist sowohl die Tonsprache, als jede andre, auf eigenbeschränkte und schöne Weise fähig. Das Gesetzfolgliche, Gleichmittige, Periodische des poetischen Lebens spiegelt sich in der gemessnen Rede (im Metrum), dessen kleinste Theile, lange und kurze Lautheiten (Silben), dieser Forderung gemäss zu höhern und immer höhern Theilen verbunden sind. Für jede Gattung der Poesie ist das Versmass vorbestimmt. Für allharmonische Kunstwerke der Rede in der schönen Redekunst bildet sich die Sprache zu freigemessner, freigestalteter, freigesetzfolglicher (idealgesetzlicher) Rede (der Rede vorzugsweise genannt, im Periodenbau, Numerus, im Redebau, Zahlmass u. s. w.); welche der metrischen, als der weiblichen, gleichsam männlich entgegensteht. Die Sprache des Lebens (Umganges) allgebildeter Menschen kann nun die Rede der Poesie und der Redekunst frei vereinen und dadurch als allfreilebliche Rede (Prosa) Eigenschönheit gewinnen. In dieser Schönsprache der volllebigen Menschheit wechselt dann Gesang mit Freitonung (Declamation) ab; und die Sprache der Oper ist nicht bloss vorbildlich, sondern die Sprache der Vollwirklichkeit selbst.

der Verein des Gedichtschriftthumes mit dem Tonschriftthume
in dem Gesangschriftthum ist ein wesentliches, selbständiges
Intheilganze des Allkunstschriftthumes.

Noch ist die Frage über den Begriff der Literatur des
Lebens und über deren Verhältniss zu der Literatur der
Wissenschaft und der Kunst. — Leben ist freie Gestaltung,
stete Veränderung der Grenzen in der Zeit, stamme nun diese
Veränderung aus eigner Inkraft des Lebenden, oder aus der
Einwirkung und Wechselwirkung der Wesen untereinander, welche
inkraftlich aufgenommen und ingeahmt wird von jedem
Wesen des Lebenskreises. Das Leben ist Geschichte, sofern
wir die Gestaltung als vollendet betrachten. Es ist also Geschichte: Darstellung der Veränderung der Gestalt (Grenz-
bestimmtheit) der Dinge in der Zeit, sowohl in ihnen selbst,
als in-, durch- und miteinander, sowohl ihres Eigen-, als
ihres Wechsellebens. Wenn nur ein Leben ist, so ist nur eine
Geschichte. Ist nur ein Urwesen, so ist nur in ihm, nicht
an ihm, das eine Leben, als das Inleben dieses Urwesens; in
ihm aller Wesen Eigenleben (Selbleben) und Wechselleben.
Also auch eine Geschichte des Inlebens Gottes und alles Theil-
inlebens aller Theilwesen in ihm. Sind nun Vernunft, Natur
(Leiblebenall) und Menschheit die Ur-Inwesen Gottes, so sind
auch die Urkreise des Lebens

1) das Gottleben (Urwesenleben),
   als das Leben des Urwesens über Allem,
2) das Vernunftleben,   3) das Naturleben,
4) das Menschheitleben;

und wenn alle Wesen wechselvereint sind, so ahnen wir
folgende Kreise des Vereinlebens, als das eine Vereinleben
in Gott:

1) Gottvernunftleben, 2) Gottnaturleben, 3) Gottmenschheit-
   leben (Leben der Gottinnigkeit, der Religion),
4) Vernunftnaturleben, 5) Vernunftmenschheitleben, 6) Natur-
   menschheitleben,

und so ferner die dreifachen und vierfachen Vereinlebensphären,
Vernunftnaturmenschheitleben, Gottvernunftnaturmenschheit-
leben. Und eben so viele Sphären hat die Geschichte. Schon
der Gedanke an dieses Urbild der Geschichte erhebt Geist
und Gemüth. Der Mensch kann einen kleinen Theil der
Geschichte überschaun, die Allgeschichte selbst wohl der Idee
nach ganz, nicht aber dem Eigenleblichen (der Individualität)
nach. Es ist Geschichtskunde möglich. Sie ist eine Wieder-
schöpfung des einen Lebens im Geiste, und dennoch zu dem
einen Leben selbst gehörig. Ein Erblicken des Lebens im
Spiegel des Geistes, der leider oft unrein, fleckig, zerbrochen,
farbig .... ist, aber rein sein und bei aller Beschränktheit
doch ein ähnliches, ja eigenschönes Bild des Alllebens dar-

stellen kann. Die Geschichtskunde stellt die Wesen im Werden
dar, sie betrachtet nicht nur die Werke des Lebens, als
vollendet (als Produkt), sondern die Kräfte, die Gesetze, die
Uebergänge, — lebenbildlich (pragmatisch). Auch die
Wissenschaft und die Kunst sind untergeordnete Theilwerke
des Lebens, die Menschheit entfaltet sie im Leben, sie sind
in sofern ein Theil der Geschichte.

Auch die eigenlebliche Anschauung der Zukunft, die Vorschöpfung (das Vorschaffen) der künftigen Lebengestalt(ung) gehört hieher. Sie ist kein leerer Wahn und keine grössre
Anmassung als die, das Geschehene nachzuschaffen.

Hieraus ergiebt sich der Begriff der Literatur der Geschichtskunde. Und zugleich, da auch die Literatur sich als
Theilwerk des Menschheitlebens entfaltet, die Idee der Literaturgeschichte; ferner die Geschichte der Literaturgeschichte
und die Literaturgeschichte der Literaturgeschichte. — Da
die Geschichte im Allgemeinen ein untergeordneter Theil (ein
Intheil, inseiender oder inwohnender Theil) des Lebens ist,
so erscheint auch die Literatur der Geschichte als ein Intheil
der Literatur des Lebens.

Aber nicht alle Wesen, und nicht jedes Wesen in allen
Rücksichten, sind in der Zeit. Denn das Urwesentliche ist
eher, dem Wesen nach höher, als das Leben, mithin auch
höher als die Zeit, als die Inform des Lebens. Das Leben
ist die ureigne Gestaltung, unendliche Bestimmung des Urwesentlichen, des über dem Leben und der Zeit Seienden, des
Urseienden, und des in der einen Zeit Bleibenden. Das Urwesen
ist, oder urist, urwesenist, nicht in der Zeit; sondern das Leben
und die Zeit in ihm. Die Zeit selbst, als Ganzes, urist, aber
in, nicht an dem Urwesen. Alles, was und sofern es urwesentlich ist, hat kein Verhältniss, keine Abhängigkeit von der
Zeit, ist ewig. Also ist die Zeit selbst ewig, so wie das
Leben, dess Form sie ist. Alles, was wahr ist, und was schön
ist, ist in sofern ewig, in der Zeit von der Zeit unabhängig,
ob es gleich in der Zeit angeschaut und in ihr an endlichen
Dingen dargestellt wird. Eine zeitliche Wahrheit (Zeit-
lichwahrheit) dagegen ist alles Eigenlebliche, was geschieht,
und seit es geschehen; wie, seit N. gestorben, ist es zeitewig
(ewig) wahr, dass N. gestorben, aber darum keine ewige
Wahrheit. Das mediceische Bild der Venus ist ewig schön;
es ist, sofern es schön ist, ewig, und es ist zeitlich wahr,
dass diese Schönheit an diesem Wesen erscheint.*)

---

*) Es ist ein Allleben in seinen vier Ursphären. Nicht die Phan-
tasie, wohl aber die Uranschauung und die urbildliche Anschauung des
Menschen fasst es auf als ein gliedlebiges Ganzes. Da das Leben
stetige Allgestaltung aller ewigen Wesen in Kraft ihres ewigen Urwesentlichen ist, so sind die Wesen selbst vor und über dem Leben;

Die Wissenschaft soll Alles erkennen, was wahr ist; das Ewig-Wahre und das Zeitlich-Wahre und das Zeitewigwahre. Geschichtskunde ist Erkenntniss des Lebens, als des Zeitlich-wahren, also Wesentheil der einen Wissenschaft. Also ist auch die Literatur des Lebens oder der Geschichtskunde ein Wesenintheil der Literatur der Wissenschaft. Z. B. es ist ein Theil der Wissenschaft die Erkenntniss des Urbildes des Rechtes und des nach ihm gebildeten Staates; ebenso ist ein Theil der Geschichtswissenschaft oder Geschichtskunde die Geschichte des Rechtsbegriffes und des Staates. Und zwar wird sodann das Lebliche mit dem Urbildlichen verglichen, danach gewürdigt und vorbildlich weitergeschaffen.

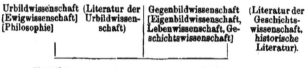

Urwissenschaft (Literatur der Urwissenschaft).

Urbildwissenschaft (Literatur der [Ewigwissenschaft] Urbildwissen-[Philosophie] schaft)	Gegenbildwissenschaft (Literatur der [Eigenbildwissenschaft, Geschichts-Lebenwissenschaft, Ge- wissenschaft, schichtswissenschaft] historische Literatur).

Urbildlebenwissenschaft   (Literatur der idealen Geschichts-
[Ideale Geschichtswissenschaft]   wissenschaft, philosophisch-histo-
[Philosophie der Geschichte und   rische Literatur und historisch-
Geschichte der Philosophie]   philosophische Literatur).

und die Anschauung des Urwesentlichen ist über, sowie die Anschauung des Ewigen neben der Anschauung des Lebens. In der Uranschauung ist das Urwesen noch nicht, als Ewiges, sich selbst, als Zeitlichgestaltendem, entgegengesetzt.

Das eine Allleben ist sich ewig gleich, und doch in jedem Zeittheile eigenschön, in der Eigengestaltung urwesentlich.

Obgleich Wissenschaft und Kunst selbst einzelne Wirknisse des Menschheitlebens sind, also nur als Theil des Lebens erscheinen, so umfassen doch beide auf eigne Weise mehr, als das Leben, weil sie auch das Urwesentliche und Ewige umfassen.

Die Wissenschaft fasst auf vierfache Weise das Allleben auf. Einmal in seinem Urgrunde im Urwesen, als dem Urwesentlichen. Dann reinurbildlich (ideal, rein a priori), in der ewigen Urlebenlehre, worin die Urlebenlehre der Menschheit und des einzelnen Menschen, sowie aller menschlichen Dinge, wie Staat, Kirche (besser: Gottinnigkeitbund), einzelne Theile, aber gliedbaulich ingebildete Theile sind. Dann rein geschichtlich, so wie es sich zeitgestaltet. Dann auch ewiggeschichtlich, beurtheilend und sogar kunstvoll die Zukunft vorbestimmend (prophetisch).

Dies erläutert die vierfache wissenschaftliche Auffassung des Eigenlebens eines jeden Menschen. Zuerst soll jeder Mensch in dem Uranschaun seiner Urwesenheit den Grund des Gegensatzes des Ewigen und des Zeitlichen und alles Lebens erkennen. Dann sein Eigenleben ewig, das ist das ewige, urbildliche Lebensgesetz jedes einzelnen Vernunftwesens, in der Anschauung des Urbildes der Menschheit. Dann sich selbst, wie er rein zeitleblich ist. Endlich soll er in diesem dreifachen Selbstanschaun sein Eigenlebenurbild (individuelles Ideal) gemäss seinem geschichtlichen Begriffe stetig entwerfen, danach sein zeitliches

Da sich nun das Leben, mithin auch dessen Wieder-
spiegelung in den Wesen, d. i. die Geschichte, so wie jedes
Wesen vierfach betrachten lässt, — urwesentlich, ewig, leblich, ewig-leblich — ohne der dreigliedigen Vereinbetrachtungen
zu gedenken: so ergeben sich hier ähnliche vier Haupttheile
der Literaturgeschichte. Denn Darstellung der Abspiegelung
des Alllebens in allen Wesen durch Zeichenwelt (Sprache im
allgemeinsten Sinne [allbedeutlich]) ist urwesentlich, ewig, zeitlich
und zeitewig begründet (ist ur-, ewig-, leblich-, lebewig- . . . .
wesentlich), mithin auch wiederum die Abspiegelung dieses
Lebenzeichendarstellens und die Darstellung dieser Abspiegelung des Lebenzeichendarstellens (d. i. der Literaturgeschichte).
— Wer aufgefasst hat, dass es eine urwissenschaftliche, ewig-
wissenschaftliche, lebenwissenschaftliche, lebewigwissenschaft-
liche Kenntniss der Sprache giebt, dem wird auch der In-
gliedbau der Literaturgeschichte einleuchten, der sich bei
diesen Betrachtungen zeigt.

Selb-Gestalten prüfen und kunstvoll ur-ewig-zeitlich sein Leben weiter-
bilden.
    Ebenso kann und soll jeder denkende Mensch es unternehmen, die
ganze Menschheit, die Allmenschheit des Weltalls, urwesentlich zu schaun,
darin das ewige Urbild ihres Alllebens zu erkennen, die Gesetze zu
entwerfen, nach denen nicht nur der Menschheit dieser Erde, sondern
jede einzelne Menschheit leben muss, obwohl jede ureigengestaltig, ur-
eigenschön. — Dann soll er, soweit es ihm selbst der gegenwärtige
Lebenstand der Menschheit der Erde möglich macht, das Eigenleben
dieser Menschheit reingeschichtlich zu erkennen streben, erdumfassend,
allvolklich, allzeitlich. Nun nach dem geschichtlichen Begriffe dieser
Menschheit ihr Eigenlebenurbild (individuelles Ideal) entwerfen, danach
sie prüfen und nun angeben, was in jeder einzelnen menschlichen An-
gelegenheit demnach zunächst und in weiterer Ferne zu thun ist. —
So in Ansehung des Gottinnigkeitlebens, des Rechtslebens, des Tugend-
lebens und aller einzelnen menschlichen Dinge.
    Mit diesem vierfachen wissenschaftlichen Selbstbewusstsein beginnt
erst das mündige Vollleben des einzelnen Menschen, sowie jeder
Menschengesellschaft.
    Und noch höher kann sich der Menschengeist aufschwingen: er kann
es unternehmen, auf diese vierfache Weise das Allleben zu schaun.
Und wie begrenzt und mangelhaft diese Spiegelung des Alls im Menschengeiste auch sein möge, so ist sie ihm, dem beschränkten, in dieser Beschränktheit wesentlich.
    Auf ähnliche vierfache Weise fasst auch die Kunst das Leben auf,
in urwesentlichen, wie geschichtlichen und urbildgeschichtlichen Werken.
Zwar kann sie nicht das Allleben, als solches, auffassen, weil alle ihre
Werke urendlich sind; allein jedes einzelne ihrer Werke kann ein
urendliches Ahmbild des Alllebens sein. Darin ist vielleicht die Schönheit eines Kunstwerkes. So kann ein Tonkunstwerk ein treues Bild
des Alllebens und seiner Gesetze sein; ebenso ist das Schauspiel in
dieser Hinsicht vierartig.
    Diese vierfachen Auffassungen des Lebens in Wissenschaft und
Kunst gehen unter sich eine vielfache Vereinigung ein, deren Glieder
zu schildern, hier zu weit führen würde.

Sprachthumwissenschaft
(Literaturwissenschaft im Allsinne),

gegenstandlich (objectiv)	gestaltlich (formal)
ur	ur
ewig	ewig
leblich	leblich
lebewig	lebewig.

Der oberste Theil der Sprachthumwissenschaft ist mithin Intheil der Urwissenschaft, in ihm sind enthalten die ewig gebildete Sprachthumwissenschaft (das Ideal der Literaturgeschichte) und die zeitleblich gebildete Literaturwissenschaft, als Theil der Geschichtswissenschaft, und die lebewig gebildete Sprachthumwissenschaft (die Philosophie der Literaturgeschichte, wie man gewöhnlich sagt).

Folgendes Schema (Allgliedbild) stellt den Gliedbau der Wissenschaft dar, wonach sich auch der Gliedbau der scientifischen Literatur richtet:

Die Wissenschaft ist

I. In Ansehung des Erkannten, des Gegenstandes:

a. Wissenschaft des Urwesens, *)
welche eigentlich jede andre Wissenschaft als Theil in sich fasst, wenn ein Urwesen, und eine Wissenschaft desselben für endliche Geister möglich ist.

Physicotheologie.
e. W. des Vereinseins und Vereinlebens des Urwesens und der Natur.

Anthropotheologie.
g. W. des Vereines des Urwesens mit der vereinten Natur und Vernunft.

Psychicotheologie.
f. W. des Vereines des Urwesens und der Vernunft.

b. W. der Natur (des Leiballs, des Allleibes, der Allnatur, des Naturalls).
Physiologie.

c. W. der Vernunft (des Geistalls, Allgeistes).
Psychologie.

d. W. des Vereines der Natur und der Vernunft (des Leibgeistalls und des Geistleiballs).
Physiopsychologie,
worin das innerste Glied die Menschheitlehre ist.
Anthropologie (die W. des Vereines des Urwesens und der Menschheit wäre **Religionswissenschaft**).

_____

*) Das Göttliche durchdringt, wenn dieses Abbild richtig ist, die ganze Wissenschaft; so ist in Gott ein Selbanschaun Gottes in seinem Ingeistreiche.

Diese Wissenschaften sind zeither von den Menschen sämmtlich geahnt worden; die Urwissenschaft als Theologie u. s. w.

Hier werden sie bloss problematisch aufgestellt.

II. In Ansehung der Seinart des Erkannten.

Wesenwissenschaft.

Urwesenwissenschaft
oder: urwesentliche Wissenschaft
(ohne Gegensatz des Ewigen und Zeitlichen)
(Absolute, intellectual geschaute Wissenschaft.)

Ewigwesentliche Wissenschaft oder: Ewigwissenschaft	Eigenlebliche Wissenschaft oder: Leblichwissenschaft,
(ideale Wissenschaft, philosophische Wissenschaft, rationale Wissenschaft). Sofern etwas urist, hat es zur Zeit kein Verhältniss, z. B. die Raumbegrenzungen, das Schöne, Gute, seinem Wesen nach. Das Urseiende ist dann zugleich das Bleibende in der Zeit, das Gestaltbare.	Lebenwissenschaft (empirische Wissenschaft), wo das Endliche als allbestimmt, als urendlich, zeitleblich angeschaut wird: Geschichtswissenschaft. (Die Literatur der Geschichte gehört also in sofern hieher, als man erkennen will, was geschehen.)

Urlebliche Wissenschaft
oder: Urewigleblichwissenschaft.
(urbildgeschichtliche Vereinwissenschaft).

1) Wo erkannt wird, inwieweit das Lebende dem Urbilde gemäss, oder ungemäss ist;
2) inwieweit das Urbild im Lebenden erreicht ist;
3) was an dem Lebenden, nach seinem geschichtlichen Begriffe, zu thun ist, um es seinem Eigenleburbilde (individuellen Ideale) gemäss zu vollenden.

Hier ist das Gebiet der Prophezeiung, und zwar in wissenschaftlicher Gestalt; das ist der idealrealen Vorschöpfung der künftigen Lebensgestaltung.

III. In Ansehung der Erkenntnissquellen. Dieser Eintheilung bedürfen wir hier nicht, kommen aber zu ihr im Folgenden zurück.

Was man nun auch für eine einzelne Wissenschaft angeben mag, sie muss in einer von den Abtheilgliedern dieses Paragraphen, oder zugleich in mehrern enthalten sein.

Wenn z. B. gefragt wird, wohin die Mathematik gehöre, so kommt es darauf an, wie ihr Begriff bestimmt wird. Ist sie nun Grossheitlehre, oder, wie gewöhnlich gesagt wird, Grössenlehre, so fragt es sich, wohin diese Eigenschaft (Form) gehört. Diese ist allgemeine und gemeinsame Eigenschaft aller endlichen Dinge, als solcher. Die allgemeine Grössenlehre

ist mithin Theil der eigenschaftlichen Urwissenschaft (formalen
Metaphysik), und zwar derjenigen Abtheilung derselben, wo
von den allgemeinen Eigenschaften aller endlichen Wesen im
Urwesen geredet wird.   Da aber die Grossheit selbst nach
der Art der Natur, Vernunft und der Einheit derselben im
Urwesen entgegengesetzte Bestimmungen erhält, so erstreckt
sich nun die Mathematik in ihren besondern Theilen als
ein untergeordnetes System (wie Nerven, Saugadern) durch
den ganzen Leib (Gliedbau) der Wissenschaft.

Fragt man ferner nach der Stelle der sogenannten positiven Wissenschaften, so kommt es darauf an, sich zuvörderst
zu überzeugen, dass das Positive nur eine eigenlebliche Bestimmung bezeichnen könne; dass mithin alle sogenannten
positiven Wissenschaften nur Intheile der einen eigenleblichen
Wissenschaft vom Urwesen, von der Vernunft, von der Natur
und von der Naturvernunft sein können; also positive Theologie, positive Vernunftwissenschaft, positive Naturwissenschaft
und positive Naturvernunftwissenschaft, worin dann auch die
positive Anthropologie enthalten ist. — Der Gegenstand aller
dieser positiven Wissenschaften muss zuvörderst rein geschichtlich aufgefasst, dann aber an die Idee gehalten und danach für
die Vergangenheit, und fruchtbar für die Lebenskunst der Zukunft, gewürdigt werden. — Die rein positive Erkenntniss
muss ohne alles Vorurtheil das Lebendige, die Wirknisse
des Lebens und die Erfolge derselben rein auffassen.

Zum Beispiel die positive Theologie umfasst sowohl
die Vorstellungen derer, die eine wirkliche individuelle Gott-
offenbarung glauben, als auch jener, welche annehmen, dass
das Urwesen sich dem Menschen nur in der ihm angestamm-
ten Vernunftanschauung offenbare, als endlich auch jener,
welche beides Erwähnte zugleich annehmen. Worin die Mei-
nungen wieder getheilt sind; indem Einige eine ausschliessende
individuelle Offenbarung an einen, oder mehrere Menschen,
Andre eine mehrfache, oder allfache an die ganze Menschheit behaupten. Alle diese Vorstellungsweisen müssen allzeitlich
und allvolklich im erdkugeligen Ueberblicke rein geschichtlich aufgefasst und zugleich muss erkannt werden, wie jede dieser
Vorstellungsarten, allein und im Kampfe mit den entgegengesetzten, auf alles einzelne Menschliche und auf die Entfaltung des All-Menschheitlebens auf Erden gewirkt haben.
Das muss untersucht werden von Heiden, Juden, Christen,
Muhamedanern; und dann von katholischen, protestantischen,
dissentirenden (Sekten, dissenters) Christen; allgleichförmig,
allgerecht, allverbunden. — Dann muss die ganze geschichtliche Lebensentfaltung der Religion auf Erden an die Idee
derselben gehalten und gezeigt werden, was jeder einzelne Theil
der geschichtlichen Gottinnigkeit Ideegemässes, Ideewidriges,

Ideeermangelndes, Ideeverstümmelndes habe, und wieweit demnach, im Ueberblicke dieses reichen Ganzen, die Menschheit
jetzt in eigenleblicher Entfaltung des Urbildes der Religion
gekommen ist; was demnach mit geschichtlicher Kunst jetzt
das Nächste, und dann das Folgende, ... zu thun sei, um in
diesem Theile des Menschheitlebens vorzuschreiten; was also
auch jede einzelne eigenlebliche Gestaltung der Religiosität,
die christliche, jüdische, brahmanische, sinische jetzt zu thun
habe; wie sie alle von Aber-, Wahn-, Irr-, Un-Glauben zu
reinigen, in ihre Eigen-Gesundheit (religiöse Heilkunde) und
in ihren vollen Eigenlebenstand aufwärts oder herauf zu bilden seien.

Ein Aehnliches gilt von der positiven Rechtswissenschaft.
Alle Rechtsanstalten, Staaten, sind eigenlebliche Versuche,
das Menschheitrecht herzustellen. Wie unvollkommen immer
sie sind, so enthalten sie doch schon einen Theil der ewigen
Idee des Rechtsbundes. Alles, was als geltendes Recht fest-
gesetzt worden ist, musste erst in der Geistwelt der Einzelnen
angeschaut werden und ist in sofern nicht willkürlich, als es
nach Gesetzen gebildet wurde, die aus denen des Rechtes, der
Liebe, des Eigennutzes gemischt sind. Zuvörderst nun ist rein
geschichtlich zu erkennen, was als Recht auf der Erde fest-
gesetzt worden, und zwar ist jeder Volksstaat als ein glied-
bauliches Ganze und ebenso alle Staaten aller Zeiten allerd-
landlich als ein sich entfaltendes Keim-Ganzes des Rechtsbundes aufzufassen. Dann sind die Ideen, welche die Völker bei
der Staatenbildung leiten, aufzusuchen. Ferner ist die Wechselwirkung der Staaten zu erkennen. — Dann erst ist die
Verein-Rechtswissenschaft zu bilden; jeder einzelne Staat an
die Idee des Staates überhaupt und an sein geschichtlich
ausgesprochnes eigenlebliches Ideal zu halten und zu bestimmen,
was und wie weit er seiner Idee entspreche, wie sich alle
gegenwärtige Staaten zusammen zu dem individuellen Ideale
eines Staates auf Erden verhalten; was demnach jetzt für
jeden Staat, nach seinem geschichtlichen Begriffe und nach
dem geschichtlichen Begriffe des einen Erdstaates, zu thun
sei. Die Oberhäupter der Staaten sollten die Lehren der
Rechtswissenschaftsforscher willig hören, sie frei reden und
schreiben lassen; dagegen die Wissenschaftsforscher die wirklichen Staaten nicht verachten, für deren theilweise Güte
schon der Umstand zeugt, dass es in ihnen Wissenschaftsforscher giebt; noch sollten sie wähnen, durch plötz-
lichen, gewaltsamen Umsturz des Bestehenden Rechtsverbesse-
rung erlangen zu dürfen.

Ein Aehnliches gilt von der positiven Wissenschaft der
Sprachen, welche ebenso rein-geschichtlich erkannt, auf das
Urbild bezogen und nach der Idee eines Ganzen der Erd-

menschheitsprache gewürdigt und mit geschichtlicher Schön-
kunst weiter ausgebildet zu werden verlangen.

Eine unselige Stimmung der bessern Zeitgenossen ist
die wechselseitige Geringschätzung der urbildlichen (philosophischen) und der geschichtlichen (positiven) Wissenschaftsforscher, z. B. auf dem Gebiete der Theologie, der Rechtswissenschaft, der Sprachwissenschaft u. s. w. Das harmonische
Heil der Menschheit kann nur erwachsen, wenn beide Par-
teien sich verstehen, in ihrem Gebiete sich wechselseitig anerkennen und in urwissenschaftlicher Anschauung in dem
friedlichen Vereine der urbildlichen und geschichtlichen Erkenntniss jene allharmonische, urbild-geschichtliche Erkenntniss bilden, aus welcher allein die echte All-Leben-Kunst
hervorgehn kann. — Dagegen könnte eingewandt werden,
dass, wer die Ergebnisse (Resultate) dieser Vereinwissenschaft
bekannt machte, damit werde übel empfangen werden von
den herrschenden Staatsmännern und Priestern. — Geschieht
aber die Mittheilung nur selbst mit geschichtlicher Kunst, so
wird wenig zu befürchten sein. Brächte jedoch auch Jemand
der Menschheit sein Leben zum Opfer, Heil ihm! — Denn
das Ewige ist nie dem Zeitlichen unterzuordnen, sondern
Beide sollen und können zusammenbestehen.

Dann werden auch die einseitigen, anmassenden und zwei-
deutigen Benennungen der urbildlichen und geschichtlichen
Wissenschaften wegfallen, z. B. natürliche Theologie, Rechtslehre (Natur-Recht), als wenn es auch eine unnatürliche
geben könnte; positive Theologie und Rechtslehre, als wenn
es auch eine negative, schwankende, unsichre geben könnte.

(Wir sehen hieraus, dass die Literatur der Geschichte
zum Theil in die Literatur der Wissenschaft gehört; es ist
die Frage, ob auch zum Theil in die Literatur der Kunst.)

Kunst ist Darstellung eines Eigenleblichen, als solchen.
Aber Geschichte ist das Gesammteigenlebliche; mithin ist sie
ihrem Eigenwesentlichen nach ein Gegenstand der Kunstdar-
stellung, und zwar auf alle Weise, durch Bildkunst, Malerei
und durch die Redekunst. Sofern nun die Geschichte durch
die Sprache schriftlich, redekunstlich dargestellt wird, ist sie
Theil der Kunstliteratur.

Wird nun in der Kunst ein rein geistliches Eigenlebliche
(eine Schöpfung der Phantasie) dargestellt, so ist es ein rein-
gedichtliches, rein-poetisches Werk; welches nun selbst wieder
entweder dem Urbilde gemäss, oder ungemäss sein kann.
Wird dagegen ein Eigenlebliches aus dem Gesammtleben in
der Natur kunstlich dargestellt, so ist es ein rein-geschicht-
liches Kunstwerk (ein rein-historisches Kunstwerk, ein Werk
der historischen Kunst). Wird aber das geschichtlich Ge-
gebene mit Freiheit der Inbilde (der Phantasie) behandelt

(idealisirt), so ist es ein gedichtlich-geschichtliches (poetisch-historisches) Kunstwerk. (Beispiele solcher Werke aus der Literatur.)

Die Kunst ist ein ähnlicher Gliedbau, als die Wissenschaft, welcher sich im Geiste nach denselben Eintheilgründen spiegelt, als die Wissenschaft.

Die Kunst ist

A. In Ansehung des Künstlers	B. In Ansehung der darstellenden Kraft	C. In Ansehung der Seinart	D. In Ansehung des Darstellnisses (der Kunstsphäre)
Des Urwesens	Urwesenkraft.	Urwesentlich	Urwesen
des Urwesen- des Urwesen-verein-Geist- verein-Leib-alls alls	Urbild- Leben-kraft kraft (Ewig) (Zeitlich) Ur-Urbild-Lebenkraft	Urwesent- Urwesent-lich-verein- lich-verein-ewig zeitlich	Urwesen- Urwesen-verein-Geist- verein-Leib-all all
des Geistalls des Leiballs		Ewig zeitlich	Geistall Leiball
des Urwesen-verein-Geist-all-verein-Leiballs.	(Gott-Natur-Ver-nunftkraft).	Urwesentlich-verein-ewig-verein-zeitlich. *)	Urwesen-verein-Geist-all-verein-Leiball.

*) Dieses Glied bezeichnet die urbild-geschichtliche Kunst; z. B. ein Schauspiel, worin allemal etwas Eigenlebliches bezeichnet wird. Soll nun das Schauspiel ein Verein der urbildlichen und zeitleblichen Geschichte sein, so müssen bestimmte Menschen, wie sie jetzt sind, nach dem Urbilde gebildet erscheinen, mithin auf einer höhern Stufe des Lebens, als die Menschen jetzt sind.

a. Die geistgottinnige Kunst (die religiöse Kunst des Geistalls).
b. Die leibgottinnige Kunst (die religiöse Kunst des Naturalls).
c. Die geistleibgottinnige Kunst (die religiöse Kunst des Geistnaturalls), worin die (menschheitgottinnige Kunst / Menschheiturwesenkunst), der innerste, allvollwesentliche Theil ist,

wobei sowohl Gottes Kunst, worin Gott seine Inwesen urallinweseninnig anwirkt, als auch aller Wesen Kunst, worin sie das Urwesen ur-theilaufanwirken, als auch das Wechselleben beider sich begegnender Kunst-triebe zu erkennen.

Alle Kunst aller Wesen ist eine Kunst, die ein Kunstwerk urallschafft; die urwesenkraftliche Kunst des Urwesens, als welche das Urwesen das Urleben sein selbst darstellt.

Aber die wissenschaftliche Darstellung der Geschichte kann auch wissenschaft-kunstreich vereint werden mit der kunstlichen, in grössern geschichtlichen Kompositionen. Wobei wiederum die eigentlich gedichtliche, oder die sogenannte prosaische Form vorwalten kann.

IV. Das Schriftthum der vereinten Kunst und Wissenschaft (des didaktischen Gedichts und der poetischen Wissenschaft); welches auch schon zum Theil wirklich ist in solchen Werken, die der Wissenschaft und der Kunst zugleich gehören, z. B. Wilhelm Meister's Lehrjahre, oder Platon's Gespräche. Das Gespräch ist dadurch Kunstwerk, dass es das Erkennen in dem Eigenleben der Sprechenden gesellig eigenleblich entfaltet. Entweder ist dabei Einer der Lehrende, der Andre Schüler; der Eine erforschend (sokratisch), der Andre

hingebend; oder Beide in gleicher Bildung, aber entgegen-
gesetzt als männlich und weiblich, oder durch den Charakter.
Okellos, Lucanus. Lucretius, Sprüche Salomo's, Lokman's,
Aesop's Fabeln, Hiob, Göthe's Faust. Beim Aufleben der
Menschheit stellen sich Wissenschaft und Kunst im Verein
dar. Alle ersten Wissensversuche treten in Gedichtform auf.
Zu diesem Vereinleben kehrt die gereifte Menschheit einst
zurück. Vorzüglich die Vorherbildung des Zukunftslebens
(Prophezeiung) will also vereinleblich gestaltet sein (Offenbarung Johannis, ein schwacher Versuch; Göthe's Märchen
von der Zauberbrücke). Dergleichen Werke sind ebenfalls
entweder mit vorwaltender Wissenschaftform, oder Kunstform;
und wenn Letzteres der Fall ist, entweder wirklich gedicht-
formlich (in Versmass), oder schönredeformlich (in schöner
Prosa).

Verwandte Wissenschaften.

Kenntniss der Menschen, welche die Wissenschaft und
Kunst in sich hatten und haben, der Gelehrten und Künstler,
und zwar zunächst derer, die schriftliche Kunstwerke und
Wissenschaftswerke hinterliessen, der Schrifter oder Schriftsteller. Und zwar diese Kenntniss nach den Zeitaltern, Völkern und Oertern (geographisch) und nach den Wissenschaften
und Künsten geordnet.

Diese Kenntniss ist ein Theil der Wissenschafts- und der
Kunstgeschichte und diese ein Theil der Menschheitgeschichte.

Um ein Ganzes der Erkenntniss der Menschen, die ihr
Leben der Wissenschaft, der Kunst, oder dem Vereine derselben gewidmet haben, darzustellen, könnte man die alpha-
betische Ordnung wählen und jeden Gelehrten und Künstler
einzeln, als selbständigen Menschen darstellen; und zwar seine
äussern Lebensumstände, so weit sie auf sein wissenschaftliches
und kunstliches Leben Einfluss hatten, so wie auch die eben
dies erläuternden Begebenheiten, Sitten, Denkweisen seiner
Zeit; besonders seinen Charakter und seine äussern Schick-
sale. Alles dies muss man z. B. wissen, um zu begreifen,
wie der eigenlebliche Urgeist Raphael sich dahin ausbildete,
Bilder der Maria und ihres Kindes nach gerade diesem Ideale
darzustellen; oder, warum Kepler so im Aeussern unvollendete
Werke hinterlassen, dagegen Newton ausgearbeitete. — So
eine Arbeit unternahm Jöcher, nach ihm Menke, Adelung;
für Deutschland Meusel, für Frankreich Ersch, für die
bildenden Künstler Füssli. — Allein, weil hier die Menschen
ohne Ordnung der Zeit und des Ortes regellos zusammen zu
stehen kommen, so entstehn im Geiste keine Reihenanschauungen,
wie sie es doch sollen. Es sollte vielmehr diese Wissenschaft
zugleich nach den Zeiten, Orten, Völkern und nach den Wissen-

schaften und Künsten selbst, netzförmig, und dabei mit einem alphabetischen Register, gestaltet werden. Da ist es möglich, allgemeine Uebersichten zu geben, Schulen der Wissenschaftsforscher und der Künstler stetig darzustellen, und die allseitigen Wechselbestimmungen der Wissenschaften und Künste und der Gelehrten und Künstler sichtbar zu machen.

Eigentlich ist die Gelehrten- und Künstlergeschichte Intheil der All-Lebengeschichte der Menschheit für Wissenschaft und Kunst und deren Verein; der Menschheit in allen ihren Intheilen, — Völkerbünden, Völkern, Stämmen, Ortschaften, Familien, Einzelnen. Denn in diesen Ganzen bildet sich der Einzelne, bilden sich die der Wissenschaft gewidmeten eignen Anstalten, Universitäten, Akademien, Museen u. s. w. Ohne diese Kenntniss ist weder das Leben des Einzelnen, noch irgend ein einzelnes Geistwerk erklärlich. Wie viel Licht über alle literarische Erscheinungen der alten Welt giebt die Bemerkung: dass die Völker (und die untergeordneten Menschheitganzen) nicht verbunden waren durch Kompassschiffahrt, durch Postwesen, Gasthauswesen (Gemeinsam-Hauswesen) und Buchdruckerei! Daher ist erklärlich, wie z. B. griechische Mythologie, obgleich gemischt aus ägyptischen, indischen, thrakischen Elementen, dennoch zu einem eigenschönen Ganzen erhoben werden konnte. Dagegen die gemeinsame europäische Kultur, welche die Erde ganz umschaut, einen ganz andern, höhern Charakter annimmt. — Auch das Erdgebiet der Literatur bestimmt sich darnach. In der alten Geschichte gab es zwei getrennte Hauptsitze: das geographische Kulturdreieck in Europa, dessen Ostgrenze der Ural bildet, und das Kulturviereck in Asien am Ganges und Brahmaputra; und so in kleinern Abtheilungen.

Jetzt erstreckt sich das Kulturgebiet um das Atlantische Meer, diesseit und jenseit.

Wie vieles Einzelne im Gebiete der Literatur wird ferner erklärlich und erscheint in seiner Beziehung zum Ganzen durch die Kenntniss der Wissenschafts- und Kunst-Anstalt zu Alexandrien! So die Erklärer des Homer u. s. w. Die kritischen Recensionen griechischer Schriftsteller.

Sehr anziehend ist die Uebersicht nach den Ortschaften, z. B. was Alles Athen, Sparta, Rom, . . . literarisch geleistet.

Will man bloss erkennen, was in jeder Wissenschaft und Kunst geleistet worden, ohne die geschichtlichen Gründe der Entwickelung anzugeben, so kann bei der Literaturkenntniss die Gelehrten- und Künstlergeschichte entbehrt werden. So könnte z. B. ein guter Mathematiker, dem die sämmtlichen noch vorhandenen Schriften der Griechen dargeboten würden, ohne sich selbst um die Namen der Verfasser zu bekümmern,

von jeder einzelnen und von ihnen allen ein Ganzes der Erkenntniss bilden und angeben, was ein Jeder, und was Alle
geleistet haben.

Kurz, soll die Literaturgeschichte den Namen einer
Wissenschaft verdienen, so muss sie die Literatur als ein
Theilganzes im Allleben der Menschheit gestalten; Nichts in
ihr darf einzeln, leblos, sondern Alles muss lebendig im Glied-
leben des Ganzen (gleichsam durchsichtig im Alllichte des
Menschheitlebens) erscheinen.

Soll aber das geschichtliche Wie und Warum angegeben
werden, das ist: soll die Geschichte die Dinge lebenganz, lebendig,
pragmatisch (pragma, eine Lebenbegebenheit) darstellen, welches
bei einer vollendeten geschichtlichen Erkenntniss unerlässlich
ist, so ist für die Literargeschichte die Gelehrten- und
Künstlergeschichte unentbehrlich. Wenn z. B. begriffen werden
soll, warum Archimedes in seiner Sandrechnung so viel Scharfsinn an eine Untersuchung verschwendete, die sich jetzt auf
einem Sechzehntelbogen sehr bequem von einem Anfänger
ausführen lässt; — oder, warum Diophant seine Aufgaben
vom ersten Grade für so wichtig hielt, dass er sie in Verse
brachte.

Von der andern Seite ist die Literaturgeschichte zur
Vollendung der Künstler- und Gelehrtengeschichte unentbehrlich; weil z. B. ein Gelehrter Literaturkenntnisse besitzt und
dadurch in seiner Selbstbildung und in seiner ganzen Wirksamkeit geleitet wird, obgleich sein Urgeist auch Neues hinzu-
bringt, dessen eigenthümliche Gestalt jedoch durch seine
Literaturkenntnisse mitbestimmt wird. Z. B. ist Kant nicht
ohne Leibnitz, Wolff, Hume, Berkeley u. A. m., Fichte nicht
ohne Kant, Schelling nicht ohne beide, und nicht ohne Spinoza
und Platon zu begreifen.

Aber auch die Wissenschaft und die Kunst und ihr Verein
selbst, sowie sie sich in den Menschen als Theil des Menschheitlebens entfalten, sind ein Gegenstand der Geschichte.
Dabei ist nun die erste Rücksicht das Urbild der Wissenschaft, der Kunst und ihres Vereines selbst, als eines gliedbaulichen Ganzen, und danach muss sich der ganze Bau
dieser Geschichtskenntniss richten. Sodann aber muss diese Geschichte auch nach den Zeiten, Orten, Kräften und Menschen-
gesellschaften (chronologisch, geographisch, dynamisch und
ethnographisch) geordnet sein. Und zwar, was die Orte betrifft,
nach Haupterdlandvölkern, Völkerbünden, Völkern, Stämmen,
Familien, Ständen, Ortsgenossenschaften. Dies liesse sich sehr
gut auf eigens hierzu verfertigten Landkarten darstellen. —
So muss im Allgemeinen der Ort auf der Erdkugel angegeben
werden, wo Wissenschaft und Kunst und deren Verein auf

Erden entsprangen, zu welcher Zeit, mit welchen Kräften und
von welcher Gesellschaft dies geschah; und von da aus ist
dann ebenso die kreisliche Verbreitung über die Erdumfläche
darzustellen. — Und zwar muss man hierbei nicht bloss
einzeln auf Zeit, Ort, Kraft und Gesellschaft sehen, sondern
auf diese Dinge allfolglich vereint, wie sie in der Geschichte
es sind.

Zu dieser Geschichte der Wissenschaft, der Kunst und
ihres Vereinlebens kann der Mensch nicht eher gelangen, als
bis er literargeschichtliche und gelehrten- und künstlerge-
schichtliche Kenntnisse gewonnen hat; obgleich auch rückwärts jeder Gegenstand der Literaturgeschichte und der Ge-
lehrten- und Künstlergeschichte durch das Ganze der Geschichte der Wissenschaft und der Kunst selbst Licht und
Bedeutung und den Massstab seiner Wichtigkeit gewinnt.
Ob aber gleich Literaturgeschichte und Gelehrten- und Künstlergeschichte in einer Hinsicht, der Zeit nach, der Geschichte
der Wissenschaft und der Kunst vorangeht, so ist doch die
letztere höher und über beiden, als das Ganze, gleichsam
als das ganze Gebäude, wozu jene beiden Wissenschaften der
Grund und die Materialien sind.

Auch ist zu bemerken, dass die Alterthumskunde (Archäologie, res antiquaria) zum Theil ebenfalls als innre Hülfs-
wissenschaft der Geschichte der Wissenschaft und der Kunst
gewürdigt werden muss; zum Theil aber auch, da sie alles
Menschliche umfasst, ausser derselben liegt. — So sind auch
viele schriftliche Denkmale nur durch archäologische Kenntniss erklärbar; z. B. bei dem Verstehn der Grabinschriften
kann die Kunde der altgriechischen, altrömischen, altägyp-
tischen u. s. w. Vorstellungen und Gebräuche über Leben, Tod
und Beerdigung nicht entbehrt werden; bei Inschriften der
Triumphsäulen die der Triumphgebräuche u. s. w.

Die Geschichte der Wissenschaft und der Kunst umfasst die ganze geschichtliche Entfaltung derselben, also auch
die Fragen: was ist davon schriftlich übrig? und wer hat dies
Leben entfaltet? Also sind Literaturgeschichte und Gelehrten-
und Künstlergeschichte Unterintheile derselben. Aber sie fragt
auch nach noch Mehrerem; z. B. auch die Kunde der ver-
lornen Künste (vergl. Vergilius de artibus deperditis, griechisches
Feuer, Bearbeitung des Porphyrs, des Granits, der Diamanten
u. s. w.) gehört in sie, und die Kunde der untergegangenen
Wissenschaften, es mögen nun die Erfinder derselben bekannt
sein, oder nicht; auch die Darstellung der Lehren und der
Wirksamkeit von Wissenschaftsforschern und Künstlern, die
Nichts schriftlich hinterlassen, ferner die unschriftlichen Mythen
und Volkssagen.

Also:

Geschichte der Wissenschaft, der Kunst und ihres Verein-
lebens umfasst

1) einen allgemeinen, allumfassenden Theil.

2) Geschichte der Literatur:

		3) Ge-
a. Der Wissenschaft.	*b.* Der Kunst.	schichte der
α. Der Urwissenschaft.	*α.* Der Urkunst.	Gelehrten
β. Der Urbildwissenschaft.	*β.* Der rein urbildlichen	und
γ. Der Geschichtswissen-	Kunst.	Künstler.
schaft.	*γ.* Der rein geschichtlichen	
δ. Der Urgeschichtswissen-	Kunst.	
schaft.	*δ.* Der die Geschichte ideali-	
	sirenden Kunst.	

c) Des Vereines Beider.

4) Geschichte des Vereines der Literatur und der Gelehrten
und der Künstler.

Mögen wir das soeben im Grundrisse dargestellte Ganze
der Wissenschafts- und Kunstgeschichte, oder nur einen Theil
davon, die Literaturgeschichte, darstellen wollen, so ist es
nothwendig, dass wir das, dessen Geschichte erkannt werden
soll, selbst kennen; das ist Wissenschaft und Kunst selbst.
Je genauer, tiefer, ausführlicher uns die Wissenschaft selbst
vertraut ist, desto genauer wird es auch die Literaturgeschichte
werden können; desto schärferes Auge, desto geübteren Sinn,
desto mehrere Stützpunkte für das Gedächtniss bringen wir
dann hinzu. Wer z. B. die einzelnen Lehrsätze der Geometrie
kennt, dem werden die einzelnen Schriften über die Parallel-
linien, pythagoreischen Lehrsatz, delisches Problem, isoperi-
metrische Figuren u. s. w. geistwillkommen und leicht merkbar
sein. — Da aber das Eindringen in die Wissenschaft eine
unendliche Aufgabe ist, deren glückliche Lösung zum Theil
selbst durch Literaturkenntniss bedingt ist, so ist es zweck-
mässig, zuerst eine allgemeine Uebersicht des Gliedbaues der
Wissenschaft zu erzeugen; einer Tabulatur, worin die eine
Wissenschaft nach allen ihren einzelnen Theilen, den einzelnen
Wissenschaften, dargelegt wäre, und zwar nach allen Eintheilgründen netzförmig. In dieser Tafel der Wissenschaft müsste
sonach jede selbständige Wissenschaft nach ihrer Idee, ihren
Haupttheilen und nach ihren Verhältnissen zu allen andern
Wissenschaften enthalten sein.

Einige der Eintheilgründe für diese Tafel haben wir
schon kennen gelernt: die Eintheilung der Wissenschaften
nach den Gegenständen, sodann die nach der Seinart der
Gegenstände. Daher gehört aber auch noch die nach den Erkenntnissquellen. Nach den vier Erkenntnissquellen, dem Ur-
sinne, womit wir z. B. den Urraum und alle Dinge, sofern sie
in ihrer Art urganz sind, erschaun; dem Denksinne, womit
wir das Allgemein-Wesentliche als solches auffassen, z. B. die
geometrische Lehre von der Kugel; dem Lebensinne, womit

wir jedes Eigenlebliche vorstellen, z. B. eine bestimmte Kugel;
und beide letztere Sinne in ihrer Vereinigung durch
eine neue Urhandlung des Ursinnes, wodurch wir alles
Eigenlebliche nach Ideen würdigen.

Auch die hergebrachten Eintheilungen der Wissenschaften
sind dabei zu erwähnen, z. B. die sogenannte Eintheilung in
Facultäten auf Universitäten; in humaniora und sogenannte
solide Wissenschaften (belles lettres und sciences exactes);
Verbal-Erkenntnisse und Realia u. s. w., welche zwar immer
einen geschichtlichen Grund haben, der aber ihre unwissenschaftliche Beschaffenheit, welche auf den Unterricht der
Jugend, auf die fortgesetzte Bildung der Gelehrten und auf
die Entfaltung der Wissenschaften selbst sehr nachtheiligen
Einfluss äussert, nicht entschuldigen kann. So beweist sich
die Kenntniss der alten Sprachen, da sie sich durch die griechischen Flüchtlinge mit Hülfe der Buchdruckerei über
Europa neu verbreitete, als wahre humaniora, als Mensch-
heitleben-weckende und -veredelnde Kenntnisse. Gleichwohl
verdient die Lehre von dem Wahren, Guten, Gerechten und
Schönen und von der Liebe näher den Namen der innig-
menschlichen Wissenschaft, weil sie das Erste und Eigenwesentliche des Menschen, als solchen, umfassen.

Die Nothwendigkeit, dass der Literaturgeschichte eine
Tafel der Wissenschaften zum Grunde liege, ist in dem letzten
Jahrhunderte so allgemein gefühlt worden, dass wir hierin
mehrere Versuche haben. Da alle Wissenschaften ein in sich
gerundetes, kreisgangiges (kyklisches), oder vielmehr kugeliges
(sphärisches) Ganze sind, man also auch kreisgangig sich
unterrichten muss, wenn man die Wissenschaft überschaun
will, so ist die Forderung und der Name einer Kreisgang-
lehre (Kreisgangbelehrung), Encyclopädie (ἐγκυκλοπαιδεία),
sehr wesentlich. An eine solche kreisgangliche Uebersicht
der Wissenschaft schliesst sich nun, danach geordnet, die
erste und allgemeinste Literaturkenntniss naturgemäss an.
Versuche der Art haben wir mehrere, und von achtungs-
werthen Denkern und Literatoren, von Eschenburg, Krug,
Jäsche, Erhard Schmid. — Eine ähnliche Arbeit für
unsern Zweck zu Stande zu bringen, sei unser erstes Geschäft.

Ehe wir diese Aufgabe lösen, wollen wir uns noch erinnern, dass ein Aehnliches für die Kunst und für den Lebenverein von Wissenschaft und Kunst zu leisten ist. — Hierin
ist bis jetzt noch weniger gethan, als für die Wissenschaft.
— Nachdem wir also das Geforderte für die Wissenschaft
werden versucht haben, müssen wir uns auch in ähnlicher
Absicht zu der Kunst und zu dem Vereinleben der Wissenschaft und der Kunst wenden.

I. Theil oder Cursus.

Encyclopädische Uebersicht der Literatur

nach der Tafel der Wissenschaft, der Kunst und
beider in ihrem Lebenvereine geordnet.

(Oder: Uebersicht der Literatur nach einer kreisganglichen
Tafel der Wissenschaft, der Kunst und ihres Vereinlebens.)

Vorerinnerungen.

1) Einen solchen Plan zu entwerfen, möchte vermessen
scheinen für Jeden, der erst an der Schwelle der Wissenschaft
steht. Allein, auch sich selbst überlassen, könnte er nicht
anders, so unvollkommen auch sein Plan werden würde. Ein
schon theilgebildeter Wissensforscher könnte ihm seinen schon
ausgebildeteren Plan vorlegen, soweit er diesen auch nur als
Aufgabe zur Prüfung zu fassen vermöchte. Nur dass er den
Freiblick dadurch nicht befange! Auch ist nicht erforderlich,
diesen Plan in grosse Einzelfülle (détail) auszuführen. Der
Baumeister bestimmt vor dem Bau seinen Bauriss mit Absicht nicht weiter, wegen der eignen Beschränkung des An-
schauens und der unvorhergesehenen Beschränkungen des
Lebens während des Baues. Der Wissenschaftbildner verfahre
wie der Maler bei seiner Composition, wie der Bildhauer mit
seinem Stein verfährt. Während der Arbeit bestimmt sich
immer inniger und zarter der Plan des Werkes.
2) Eigentlich gehört die Bildung dieses Gliedbaugrundrisses der Wissenschaft und der Kunst und ihres Vereinbildens
nicht zur Literaturgeschichte; allein wir müssen ihn hier entwerfen, um die Literaturgeschichte daran zu ketten.
3) Ein Werk, welches mit der encyclopädischen Uebersicht der Wissenschaft und Kunst und Wissenschaft-Kunst, bez.
Kunst-Wissenschaft gleich eingeordnet eine Literaturgeschichte
verbände, ist ein Zeitbedürfniss. Aber freilich dürfte darin
nicht bloss eine Reihe von Büchertiteln zu finden sein. — In
einem solchen Buche ist eigentlich die reine Wissenschaft der Wissenschaft und Kunst und Wissenschaft-
Kunst, bez. Kunst-Wissenschaft mit der Geschichtswissenschaft derselben und ihrer Würdigung zu verbinden.

Forderung an diesen Gliedbaugrundriss.

1) Ist in dem Wissen Einheit, so auch in diesem Gliedbaugrundrisse. Einheit aber kann im Wissen nur sein, wenn Einheit im Gewussten (im Objecte) ist. — Denn das Wissen ist ein Verhältniss des Wissenden zum Gewussten; nur aber, sofern sie gleichartig sind, können Dinge in Verhältniss kommen. — Es scheint zwar bei dem ersten Blicke, dass eine subjective Einheit (geistinnre Einheit) eine objective (wesenäussre) Einheit vermitteln könne. Allein dies ist dennoch nur gedenklich, wenn die wesenäussre Verschiedenheit vermittelt ist durch, oder vielmehr in ihrer eignen innern Einheit.

2) Wenn ferner im Gegenstande des Wissens Gesetzfolglichkeit (Wohlordnung, Eurhythmie) herrscht, so auch in unserm Giledbaugrundrisse. Aber die Gesetzfolge ist entweder eine der Intheile, die untereinander (involutorisch) oder, wie man auch noch sagt, subordinirt sind, oder eine Gesetzfolge der Intheile, die mit- und nebeneinander im Ganzen sind. Zum Beispiel _ _ _ _ _ _ _ _ ist eine Nebengesetzfolge, oder Mitgesetzfolge; dagegen ein Kreis, welcher zwei kleinere Kreise einschliesst, von denen jeder wieder zwei noch kleinere Kreise einschliesst, ist eine Untergesetzfolge, oder besser eine Ingesetzfolge. Der Menschenleib bietet ein vielfaches Beispiel von Neben- und Ingesetzfolge dar. Der Arm in seiner Zweigliederung ein Beispiel der Nebengesetzfolge. So die Augen. Die Nebenglieder können dabei entweder artverschieden sein, oder bloss dem Einzelsein, der Zahlheit nach verschieden; so Herz und Lunge, Auge und Auge, Arm und Arm. Auch kann in einem Ganzen Neben- und Ingesetzfolge zugleich stattfinden, wobei dann die Ingesetzfolge dem Wesentlichen nach die ehere oder höhere ist; z. B. vielfach im Menschenleibe. Eine Ingesetzfolge ohne alle Nebengesetzfolge findet sich u. a. bei einer Mehrheit einmittiger oder concentrischer Kreise, worin nur Einheit, keine eigentliche Zweiheit ist, weil die in einander enthaltenen Kreise a, b, c, d als ungleich nicht zusammengezählt werden können. Es findet bei a, b, c, d zwar eine Theilausserheit, aber keine Ganzausserheit, das ist keine Nebenheit statt.

Eine Gesetzfolge mit ihrer entgegenstehenden Gesetzfolge ist eine Gegengesetzfolge (Mittemasslichkeit, Gleichmittigkeit, Mitmassheit, Symmetrie), wie _ _ _ oder _ _ _ oder _ _ _ _ _ _ _ _ _ _ _ _ _ _ _ _. Eigentlich wird dabei das Entgegengesetzte als Nebentheil auf dasselbe Dritte, zuhöchst auf dasselbe höhere Ganze bezogen, wogegen sich gleichliegende Theile beider Seiten auf gleiche Art verhalten. Die beiden Arme mit der Brust bieten ein lehrreiches Beispiel dar; so sind alle gleichliegenden Theile der Arme gegen jedes andre Glied des Leibes symmetrisch.

Es ist daher bei unserm Allgliedbilde*) der Wissenschaft genau zu beachten, ob sich an der Wissenschaft Gesetzfolglich-

---

*) Vollkommnerer Schematismus, jedoch ohne Leibwesen und Geistwesen als In-Vieles zu betrachten.

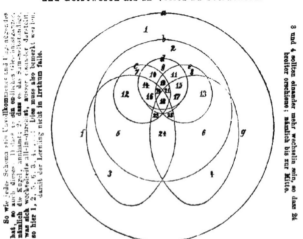

(linke Randnotiz, vertikal): So wie jedes Schema sein Unvollkommenes und Irreführendes hat, so auch dieses. 1) dass es ein endliches Theil-in-ständige; nämlich die Kugel, annähme; 2) dass es das Zum-substanstige, was sich wechselseits all-in-durchsetzt, ausser einander darstellt. so hier 1, 2, 5, 6, 3, 4, ... Diess muss also bemerkt werden, damit der Lernung nicht in Irrthum falle.

(rechte Randnotiz, vertikal): 3 und 4 sollten einander mehr wechseln sein, so dass breiter erscheinen; nämlich bis zur Mitte. so dass 24

Die Buchstaben bedeuten die ganzen Scheiben.	Die Zahlen bedeuten nur die Theilflächen, worin sie stehen.
a) Wesen.	1) Wesen als Urwesen.
b) Wesen als seine Inwesen *f* und *g* vereinend und in sich aufnehmend.	2) Wesen als seine Inwesen in sich aufnehmend vor und über der Vereinigung.
c) Wesen als Geistwesen in sich aufnehmend.	3) Geistwesen, rein als Geistwesen.
e) Wesen als Leibwesen in sich aufnehmend.	4) Leibwesen, rein als Leibwesen.
	5) Geistwesen, als rein mit Wesen, als seine Inwesen in sich aufnehmend, vereint.
d) Wesen als seine einzelnen Aufnahmen des Leibwesens und des Geistwesens vereinend und als alle seine Inwesen aufnehmend, in sich aufnehmend.	6) Leibwesen, als rein mit Wesen, als seine Inwesen in sich aufnehmend, vereint.
f. Geistwesen.	7) Urwesen, als in seinem Ganzaufnehmen aller seiner Inwesen, einzeln in sich aufnehmend das Geistwesen.
g. Leibwesen.	8) Urwesen, als in seinem Ganzaufnehmen aller seiner Inwesen, einzeln in sich aufnehmend das Leibwesen.
	9) Urwesen als rein sein Aufnehmen der einzelnen Inwesen aufnehmend in sein ganzes Aufnehmen aller Inwesen, vor der Vereinigung beider einzelnen Aufnahmen.

keit, und welche, und ob allseitig, finde. Sie findet sich am Menschenleibe, dem Höchstwerke der leiblichen Schöpfung. Vielleicht also auch am Weltall? Dies ist zu vermuthen, aber darum nicht als gewiss anzunehmen. Nach dem im Früheren mitgetheilten Anfange des ' Allgliedbildes der Wissenschaft ist in ihr, ähnlich den Wesen im Urwesen, Gesetzfolglichkeit aller Art angedeutet. Geht diese Allgesetzfolglichkeit weiter fort, so muss jedes Glied der Grundstufe wieder in sich einen Theilgliedbau zweiter Stufe enthalten, welcher dem Grundgliedbau ähnlich ist.

Ob nun ein Urwesen, und ob so in ihm die Welt geordnet, ist eine höhere, hier nicht zu beantwortende Frage.*)

Sowohl in dem Ineinander, als in dem Nebeneinander, als in beiden zugleich kann Gesetzfolglickkeit beider Art, sowohl Nebengesetzfolge (Eurhythmie), als Gegengesetzfolge (Symmetrie) stattfinden.

3) Soll ferner dieses Gliedbild vollwesentlich sein, so muss es seinen Gegenstand erschöpfen, es muss alle dessen Theile nach allen Eintheilgründen allfolgebildlich (combinatorisch), allnetzförmig, gleichsam dreistreckig nach Länge, Breite und Tiefe, zugleich aufstellen. Also müssen zuerst die Eintheilgründe der Wissenschaft wissenschaftlich erkannt werden; und da dies bis jetzt nicht vollständig geschehen, so kann auch keine dergleichen Tabelle genügen. Dies bestätigt sich schon bei einzelnen Theilen der Wissenschaft. Z. B. die gewöhnliche Eintheilung des Menschenleibes in der Menschenleiblehre wäre, nach der äussern Raumganzheit, die Theilung in Haupt, Leib und Glieder; allein zuerst müssten die sich im Leibe alldurchdringenden Theilganzen, das Nerven-, Muskel-, Gefässsystem u. s. w., erkannt werden, weil diese in allen Gliedern, das ist allen raumgesonderten Theilen des Leibes, zugleich da sind. — Auf ähnliche Weise in der Pflanzenlehre; jede der gewöhnlichen Eintheilungen der Pflanzen ist in ihrer Art gut, aber einseitig, z. B. nach der Gestalt des Samens, der Blätter, der Blüthen, der Dauer, der Zahl der Keimblätter, dem Vorhandensein, der Trennung und der Zahl der Befruchtungswerkzeuge. Allein die nach den natürlichen Familien (nach dem ganzen habitus) kommt der echten Eintheilung am nächsten, welche, indem sie von den organischen Theilsystemen der Pflanze anhebt, alle jene Eintheilgründe selbst begründet und möglich macht.**) Ein

---

*) Es ist die Frage, ob der Gliedbau des Alls mono-, dicho-, tricho-, tetra-, penta-, ... poly-, ... apeiro-tomisch ist. Ob er überhaupt ursprünglich tomisch, d. i. trennlich, oder zuerst einheitlich, monadisch, dann theilig, tomisch, dann zugleich vereinlich, synthetisch, ist.

**) Die Eurhythmie und Symmetrie erscheint ferner als eine ursprüngliche und als eine abgeleitete, die sich aus der ursprünglichen äusser-

Aehnliches gilt von den zeitherigen Anordnungen des Thierreiches, im Ganzen und in einzelnen Theilen, z. B. der Insekten nach den Fresswerkzeugen. — Nicht besser steht es mit den zeitherigen Eintheilungen der einzelnen Pflichten, Rechte und andrer allgemeinmenschlicher Dinge. — Es ist hier die Frage, ob das All ein ähnlicher Gliedbau sei; dann müssten in unserm Gliedbaue der Wissenschaft ebenfalls erst die das All alldurchdringenden, unter sich allvereinenden Systeme, die in ihm dem Nervensysteme, Muskelsysteme u. s. f. entsprechen, erkannt und danach der in ihnen bestehende, aus ihnen sich alldurchdringenden ergänzte Gliedbau in allen seinen einzelnen Theilen erkannt werden. Die die Urwesen unter sich und mit dem Urwesen als Urganzes vereinende Urkraft, die Geistkraft, die Leibkraft sind die drei Grundsysteme des Wesengliedbaues in Gott; nach dem Schema der Wesenheiten, welche durch Gevierte (Quadrate) bezeichnet werden können, entsprechend dem Wesenbilde (s. Seite 24). Wenn also alle Eintheilungsgründe erschöpft sind, so kommt dann noch die Forderung hinzu, dieselben sachgemäss, das ist der ewigen Ordnung des Seins nach, zu ordnen. Werden z. B. in der mitgetheilten Sprachtabelle die Eintheilgründe anders geordnet und dann der Gliedbau entfaltet, so kommt eine ganz andre Tafel heraus; aber nur eine eine Ordnung ist hier die erstwesentliche. Eben so in der Erdlebenkunde (der Geographie).*)

---

lich ergiebt; z. B. aus der Intheilung der Knochen, Blutgefässe, Muskeln, Nerven, Saugadern, umzogen von der Haut, ergiebt sich die äusserliche Gesetzfolgheit des Armes, bis zu dem letzten Fingergliede Ebenso die ganze äusserliche Gesetzfolglichkeit aus der innerlichen Gefolglichkeit der im Leibganzen vereinten einzelnen Systeme, welche selbst Wirknisse sind der Urgesetzfolglichkeit der einen leibbildenden Kraft. — Es ist in der Wissenschaft zu beachten, ob ein Aehnliches sich in dem Weltall zeige. Dass das Weltall monotomisch, dichotomisch, tricho-, tetra-, penta-...., poly-...., apeiro-tomisch sei, ist ohne Beweis und Anschauung nicht anzunehmen. Eine wahrscheinliche Annahme möchte sein: dass das Weltall alle diese Getheiltheiten auf alle mögliche Weise in-, mit- und durcheinander in sich sei, und zwar nach der Folge der Zahlen, in der Einheit die Zweiheit, aber nur eine Zweiheit, in diesen beiden die Dreiheit, aber nur eine in der Einheit zweifache Dreiheit, in diesen die Vierheit, aber nur eine in der Zweiheit gedreitheilte Vierheit u. s. w.? —

In dem (auf Seite 24 gezeichneten) Gleichnissbilde ist Einheit mit Vielheit, Einheit mit Zweiheit und Dreiheit, Gleichsatz mit Gegensatz und Vereintsatz (Synthesis) vereint.

Dieser Schematismus lässt sich noch anderartig darstellen, z. B. wie in meiner Naturphilosophie (1804, S. 26 ff.).

*) Aber auch die irrigen Ansichten, die möglichen falschen Stellungen und Beziehungen der Wesen (Wahnordnungen, — stellungen) sind allfolgebildlich erschöpfbar und verdienen, aufgezeichnet zu werden, theils um die schon geschichtlich ausgesprochnen Irrthümer zu erkennen,

4) Eine Anordnung der Eintheilgründe ist die urwesentliche, erstwesentliche, nach welcher die ganze Schönheit, Vollwesenheit, Gesetzfolglichkeit des Gliedbaues der Wissenschaft
erscheint. So wie z. B. jedes Gebäude auf einen vorwalten-
den Gesichtspunkt erbaut ist, den man wählen muss, um die
Schönheit und den Gliedbau des Ganzen zu überschaun. So
wie der Menschenleib allschön, dennoch, nur gerad von vorn
gesehen, ganz angeschaut werden kann in seiner Vollschön-
heit; so wie der Maler eine Ansicht und einen Moment wählt,
der ihm der gehaltvollste erscheint; so auch der Bildhauer,
bei einem einzelnen Bilde und bei einer Gruppe. Welche
Folge der Eintheilgründe bei der Bildung des Gliedbildes der
Wissenschaft diese urwesentliche ist, das muss aus dem Begriffe der Wissenschaft selbst abgeleitet werden. Der Eintheilgrund nämlich ist der erste, welcher das Erstwesentliche
der Wissenschaft bezeichnet; der aber der zweite, der das
Zweitwesentliche bezeichnet, und so ferner. Durch die netz-
förmige Verbindung der so geordneten Eintheilgründe entsteht
nun die Uransicht des Gliedbaues der Wissenschaft, worin ihr
ganzer Gliedbau in seiner Allvollwesenheit erscheint. Es seien
z. B. vier Eintheilgründe a, b, c, d, und ein jeder davon ent-
halte unter sich α, β, γ, δ, als eingetheilte Glieder, so giebt
sich folgendes Schema.

$$
\begin{array}{l}
a\,\alpha\ \ b\,\alpha\ \ c\,\alpha\ \ d\,\alpha \\
\hline \quad\quad\quad\quad\quad d\,\beta \\
\hline \quad\quad\quad\quad\quad d\,\gamma \\
\hline \quad\quad\quad\quad\quad d\,\delta \\
\hline \quad\quad\quad c\,\beta\ \ \delta\,\alpha \\
\hline \quad\quad\quad\quad\quad d\,\beta \\
\hline \quad\quad\quad\quad\quad d\,\gamma \\
\hline \quad\quad\quad\quad\quad d\,\delta \\
\hline \quad\quad\quad c\,\gamma\ \ d\,\alpha \\
\hline \quad\quad\quad\quad\quad d\,\beta
\end{array}
$$

---

theils um vor den noch möglichen zu warnen. Diese Irrthümer liegen
entweder in der urbildlichen Anschauung (in der Deduction), oder in
der denkvorstellenden (in der Construction). Als z. B., wenn behauptet
wird, es sei in dem einen Urwesen immer nur ein Wesen inenthalten
ohne Ende, oder nur bis zu einer gewissen Zahl, so ist diese Behauptung
möglicherweise nur ideal (deductiv) irrig; wenn aber gesagt wird: im
Urwesen sei erst Geistwelt, dann in dieser Leibwelt (Natur), so ist diese
Behauptung, wenn sie irrig ist, entweder bloss denkvorstellig (idealreal,
constructiv) irrig, oder dies und zugleich noch urbildlich (ideal oder deductiv) irrig. Jeder Denkvorstell-Irrthum kann entweder bloss als
solcher, oder zugleich auch urbildlich falsch sein. — Des Irrthums sind
immer mehrere Fälle, als der Wahrheit; bei aller hier gezeigten Mannig-
faltigkeit des letzteren. Daher auch der irrigen Wissenschaftstafeln weit
mehrere, als der wesengemässen, — wahrhaften. — Solche irrige Wissenschaftstafeln sind zugleich Verzeichnisse zu meidender Geistkrankheiten!

$$
\begin{aligned}
&\text{————} d\,\gamma\\
&\text{————} d\,\delta\\
&\text{————} c\,\delta\,d\,\alpha\\
&\text{————} d\,\beta\\
&\text{————} d\,\gamma\\
&\text{————} d\,\delta
\end{aligned}
$$

$a\,\alpha\;\;b\,\beta\;\;c\,\alpha\;\;\delta\,\alpha$
u. s. w.
$a\,\beta\;\;b\,\alpha\;\;c\,\alpha\;\;\delta\,\alpha$
u. s. w.
$\alpha\,\gamma\;\;b\,\alpha\;\;c\,\alpha\;\;\delta\,\alpha$
u. s. w.
$a\,\delta\;\;b\,\alpha\;\;c\,\alpha\;\;d\,\alpha$
. . . .
. . . .
$a\,\delta\;\;b\,\delta\;\;c\,\delta\;\;d\,\delta$

Es wird also hier das erste Glied des ersten Theiles mit dem ersten Gliede des zweiten, dritten, vierten, ..., letztvielten Theiles verbunden, um die erste alldurchbestimmte Abtheilung der Wissenschaft zu erhalten. Dann, alle vorhergehende beibehaltend, mit dem zweiten, dritten, ..., letztvielten Gliede des letztvielten Theiles. Dann, alle vorige beibehaltend, mit dem zweiten des vorletztvielten, dann mit dem dritten, vierten, ..., letztvielten des vorletztvielten.

Hierdurch entsteht eine gesetzentfaltete (evolutorische und zugleich involutorische) Ansicht des Ganzen in allen seinen, bis zu einer bestimmten Theilung inseienden Theilen.

Ist nun gleich diese Ansicht die erstwesentliche, so ist es doch zum Durchkennen des Ganzen lehrreich, vielleicht für einzelne Zwecke wesentlich, auch die andern Ansichten, nach den andern Anordnungen der Eintheilgründe, kennen zu lernen. So berechnet ein Baumeister die meisten Gebäude (mit Ausnahme der gleichförmigen Rundtempel) nur auf eine Hauptansicht, die Hauptfaçade; für diese muss man den Standort nehmen, wenn man die Masse und die Schönheit des Gebäudes anschaun und würdigen will. In jedem andern Punkte verliert man die Hauptansicht. So wie es lehrreich und angenehm ist, ein Prachtgebäude nicht nur von der Hauptfaçade, sondern von den Seiten, von der Rückseite, von oben, vom Grunde aus, von innen zu betrachten; so wie man den Grundriss desselben sowohl von vorn, als im Längendurchschnitt, Querdurchschnitt u. s. w. zeichnet, selbst um nach dem Grundrisse bauen zu können. So wie ferner auch die Ansichten des Menschenleibes, oder eines Werkes der Bildnerei, von den Seiten, den Viertelwendungen, von innen, von oben lehrreich und eigenschön sind. — Diese verschiednen Ansichten sind gleichsam verschiedne Perspektiven. Ebenso

ist es mit dem Gliedbau der Wissenschaft. Hat man die Ordnung der Haupteintheilgründe bestimmt, so müssen diese nach
allen Richtungen, auf alle Arten durchangeschaut und durchdacht werden, so dass man jedes Hauptglied nach der Reihe
zum ersten macht u. s. w. Eine andre Ansicht wünscht z. B.
von dem Gliedbau der Wissenschaft der Künstler, der Theolog,
der Geschichtsforscher zu haben. Aber die Uransicht wird
schon vorausgesetzt, wenn irgend eine untergeordnete Neben-
oder Seitenordnung vollendet und nach dem Grade ihrer
Wesentlichkeit und Anwendbarkeit gewürdigt werden soll. Die
Uransicht ist gleichsam die Seele jeder andern. Die untergeordneten Ansichten selbst sind gesetzfolglich aufzustellen.
Wenn nämlich die sachgemässe Anordnung der Eintheilgründe
$abcd$ ist, so ist die nächste Ansicht, $abdc$, dann $acbd$,
$acdb$; also

1) $abcd$	7) $bacd$	13) $cabd$	19) $dabc$
2) $abdc$	8) $badc$	14) $cadb$	20) $dacb$
3) $acbd$	9) $bcad$	15) $cbad$	21) $dbac$
4) $acdb$	10) $bcda$	16) $cbda$	22) $dbca$
5) $adbc$	11) $bdac$	17) $cabd$	23) $dcab$
6) $adcb$	12) $bdca$	18) $cadb$	24) $dcba$

Welch einen Ueberblick des Gliedbaues der Wissenschaft
müsste der haben, der, von der Uransicht $abcd$ ausgehend,
nach diesen 24 einzelnen Perspektiven das eine Ganze über-
schaute!

Es sei z. B. a Wesen, b Seinart der Wesen,
    c Erkennendes, d Seinart des Erkennenden,
so erhielten wir

1) Wesen, Wesenseinart, Erkennwesen, Erkennt-
nissseinart. Das ist die Tafel im folgenden Paragraphen.

(Wer die Hauptansicht des Urwesens nicht hat, kann
auch eine untergeordnete Ansicht nicht ausbilden, denn
er wird bei jeder das Wesentliche vernachlässigen. —
Selbst ein gewöhnlicher Theologe steht nicht auf dem
Hauptpunkte, sondern nur auf einem Nebenpunkte, da er
das Urwesen nur von unten hinauf durch Nebel erblickt.)

Entwerfen wir nun auf solche Weise ein Gliedbaubild
der Wissenschaft, so werden darin nicht nur diejenigen Intheile der Wissenschaft, welche bis hieher von Menschen
bearbeitet worden sind, vorkommen, sondern auch noch unbe-
arbeitete Weseintheile. — Denn, da das Menschheitleben auf
dieser Erde weder als Ganzes, noch in seinen innern Theilen
schon vollwesentlich ist, so lässt sich ein Aehnliches auch in
Ansehung der Wissenschaft vermuthen. Man wird also auf
Theile der Wissenschaft treffen, welche, vielleicht sogar der
Idee nach, fehlen. Diese zu übergehen, wäre ein wesentlicher

Fehler, obgleich alle zeitherige Wissenschaftslehrer ihn mehr
oder weniger begangen haben, indem sie, zum Theil ohne
klares Bewusstsein, mehr den jetzigen Zustand der Wissenschaft, als das ewige, urbildliche Sein derselben im Auge
hatten; wohl gar als Ideal rühmend, was nur Zerrbild der
weltbeschränkten Wirklichkeit ist. Daher folgen sie unge-
prüften, bloss einseitigen Eintheilgründen; sind daher uner-
schöpfend in jedem Theile, und es fehlt eben deshalb sogar
der Hauptbegriff jedes einzelnen Theiles, und nicht einmal
der Allbegriff der Wissenschaft überhaupt begründet diese
zeitherigen Darstellungen der Wissenschaftskunde. — So theilt
man die Literatur in die alte, mittlere und neuere, nach
Christus und der Reformation der christlichen Kirche; allein
diese Begebenheiten sind nicht unmittelbar den Hauptepochen
der Wissenschaftsbildung, gleichzeitig; auch umfassen sie nur
einen kleinen Theil des Erdlebenschauplatzes. — Würde Jemand, der die Literatur der ganzen Erdmenschheit umfassen
wollte, auch ohne Jude, Moslem, Brahmane u. s. w. zu sein,
hiermit zufrieden sein können? — Zudem sind mit der Zeit-
eintheilung auch die örtlichen (geographischen) und kraftlichen
(dynamischen) Eintheilgründe zu verbinden. — Gleichwohl sind
alle Vorarbeiten dankbar zu benutzen, und Vieles lässt sich
bei einer Bearbeitung nach dem neuen Plane aus ihnen lernen.

5) Zunächst also ist erforderlich, die Eintheilgründe zu
erschöpfen, welche aus dem Urbegriffe der Wissenschaft her-
geleitet werden müssen. Wissenschaft ist thätig aufgefasste
Gegenwart eines Wesens in einem Wesen; eines Erkannten
(Angeschauten, Objectes) in einem Erkennenden (Anschauen-
den, Subjecte). Zugleich aber sind diese Eintheilgründe so
zu ordnen, wie sie ihren Wesenbegriffen nach folgen müssen.
— Um diese einzig richtige Anordnung der Eintheilgründe,
und somit die Grundanordnung des Gliedbaugrundrisses, zu
finden, müssen wir bedenken, dass es bei der Wissenschaft
ankommt auf das Wesen, worin ein Wesen ist, und auf das,
was in einem Wesen ist. Und da bei der Wissenschaft, als
dem gliedbaulichen Ganzen der Erkenntniss aller Dinge, zuhöchst des einen Urwesens und aller Dinge in ihm, — zuerst
das wissende, erkennende Wesen in Betracht kommt, indem
dies bei dem Wissen (nicht aber allemal in der ewigen Folge
des Seins) eher ist als das Gewusste, ja das Erstwesentliche
ist, so muss der subjective Eintheilgrund vorwalten. Dabei
kann das angeschaute und anschauende Wesen dasselbe sein;
also ist die Erkenntniss eine Selberkenntniss, oder Ander-
erkenntniss.

a) Sollte aber dieser Eintheilgrund, der sich hier als
der erste zeigt, erschöpft werden, so müssten alle artver-
schiednen Wesen nach der ewigen Ordnung ihres Seins vor-

genommen und sowohl als erkennend, als auch als erkannt gesetzt werden. Denn es ist hier die ganze dem Geiste sich darstellende Möglichkeit zu erschöpfen (das Allmögliche anzunehmen). In der Wissenschaftslehre selbst wird hierüber bejahend entschieden, wo anders eine Wissenschaft der Wissenschaft selbst möglich ist. — Können auch einige Glieder, die sich hier als möglich, das ist eigentlich als zu prüfend, zeigen, hier nicht bejaht werden, weil die Anschauung derselben noch nicht gebildet werden kann, so wäre es doch verstandwidrig und frech, sie ohne Prüfung zu verwerfen. — Freilich haben wir unmittelbar nur von der Erkenntniss eines Wesens, welches ein Verein des Geistigen und Leiblichen ist, das ist eines Menschen, und zwar nur der Erkenntniss, deren Gegenstand der Geist ist, — Anschauung und Erfahrung. Wie voreilig verfuhr in dieser Absicht der sonst scharfsehende Kant! — Schon aus dem äussern Grunde müssen alle Erkenntnissarten erschöpft und gewürdigt werden, weil es fast für jede in der Literatur schon Ahnungen und ausführliche Schriften giebt, welche mithin erwähnt und gründlich beurtheilt zu werden verlangen. Eine reingeistige und reinleibliche Erkenntniss liegt ausser dem Kreise unsrer gewöhnlichen Anschauung und Erfahrung. Also die Wesen, in welchen Wissenschaft ist, bez. als möglich gedacht wird, sind Urwesen, Leiball, Geistall, Leibgeistall. Hieraus entspringen drei einfache Ideen von Wissenschaften.

α) Die Wissenschaft in Gott, welche Gott weiss, anschaut, welche in Gott ist, worin sich Gott in sich selbst erkennt, bildlich: worin sich Gott in seinem eignen· Urlichte selbst, urinlich, spiegelt. Da Gott Alles ist und mehr als alles Endliche, über allem Endlichen, wie urganz dies auch in seiner Art immer sei, so ist mithin hier der urganzen Selberkenntniss Gottes gedacht. Eine überschwengliche Idee, deren Gültigkeit wir hier weder entscheidend bejahen, noch frech verwerfen können.

Der Einwurf, dass auf solche Weise das Urwesen in menschlicher Beschränktheit, also nicht urganz (unendlich), mithin nicht als Urwesen gedacht werde, trifft nicht. Denn auch unserm menschlichen Wissen ist das Wesentliche nicht die Beschränktheit, nicht das Nichtwissen, das mühsame Nachdenken, das Irren, das Mangelhafte . . ., sondern das Wahranschaun, — das Wissen. Denke von der endlichen Linie die Grenze weg, und du hast die Urlinie; denke von Menschenwissen die Schranke weg, und du hast das göttliche Erkennen.

Dichter, Philosophen, Religiöse — haben viel Schönes von der Gotterkenntniss gesagt. Auch ist das Gebet Aeusserung eines urwesentlichen, achtbaren Sinnes, worin Christen, Juden,

Türken . . ., zu Gott betend, ihm ihre Noth vortragen, als
erführe er sie erst dadurch. Allein an sich darf die Schranke
der menschlichen Erkenntniss nicht auf Gott übertragen werden, sondern nur das Wesentliche derselben. Aber jene Art
zu beten kann einen andern Sinn und Werth in andern Hinsichten haben.

β) Die rein-geistige Wissenschaft. Bis jetzt haben wir
freilich keine Erfahrung dafür; denn alles unser wirkliches
Wissen ist ein menschliches, das ist ein leibgeistliches, so
dass dabei das geistliche Erkennen das unmittelbare, das
leibliche aber das durch ersteres vermittelte ist. Man muss
das Leibgeistliche und Geistleibliche genau unterscheiden;
in beiden zwar ist Geistliches und Leibliches vereint, aber
im Leibgeistlichen ist der Leib mit dem Geiste vereint, dagegen im Geistleiblichen der Geist mit dem Leibe.

Mit jedem Nachdenken bewegt sich unser Leibauge und
alle unsre Leibsinne. Aber das Wesentliche der reingeistigen
Erkenntniss, wenn es eine giebt, ist in unsrer menschlichen
Erkenntniss gegenwärtig, nur nicht rein und alleinständig.
Zwar wird die Geistwissenschaft wegen der unausbleiblichen
Nebenbewegung aller Organe und Thätigkeiten von dem
Leibe beschränkt, allein dieser erweitert sie auch in den
leibsinnlichen (empirischen) Erkenntnissen.

γ) Die Erkenntniss*), welche das Leiball hat; die Er-

---

*) Anderwortliche Darstellung des Gesagten. Die Erkennt-
niss kann so verschieden sein, als das Erkennen in Wesentlichen in Ansehung des Erkennenden unterschieden ist; also rein geistig, rein körperlich, oder mittelbar körperlich (leiblich) durch die Leibsinne (leibsinnlich).
Die reingeistige ist entweder ewig (urbildlich), oder geistleiblich, — also
geistsinnlich. Wir, Geister, haben als Menschen zwar keine reinleibliche Erkenntniss, allein gleichwohl ist diese Erkenntniss mit anzuführen,
als vielleicht der Natur und dem Menschenleibe, als solchem, eigen.
Ueber diese Erkenntnisse erhaben ist die urwesentliche; diese ist es,
wodurch die geistliche und leibliche Erkenntniss in eine menschliche
vereint wird, von welcher menschlichen Erkenntniss uns Geistern nur
die geistige Seite (Hälfte) vertraut ist.
  Alle Wissenschaften, als Theile der einen Wissenschaft, können
nach verschiednen Rücksichten betrachtet werden, als: in Ansehung
des Gegenstandes, in Ansehung des Umfanges, in Ansehung des Gliedbaues, in Ansehung der Seinart, in Ansehung der Verhaltheit und in Ansehung der Erkenntnissart. — Diese Haupteintheilgründe, welche nur
vorläufig genannt worden sind, müssen nicht allein ganz erschöpft
werden, dass keiner fehlt, sondern müssen auch gehörig geordnet
werden. Um diese Ordnung zu bestimmen, muss der Begriff jedes
Haupteintheilgrundes aufgestellt werden; in dem Begriff aber liegt das
Wesentliche, und nach demselben müssen sie geordnet werden. Was
dem Wesentlichen nach das Erste ist, muss auch in der Tafel das Erste
sein. Wenn sie nun geordnet sind, so müssen sie auch netzförmig verbunden werden. Es hat nämlich jeder Eintheilgrund mehrere einzelne
Intheile; wenn z. B. 4 Haupteintheilgründe A, B, C, D wären, so
müsste der erste Theil von A mit dem ersten Theile von B, mit dem

kenntniss nicht von der Natur, sondern der Natur selbst. Was das heisse: ein Stein, das Wasser, die Luft, die Pflanze, das Thier erkennt, ist freilich hier überschwenglich, indem wir in uns selbst keine unmittelbare Erfahrung hierüber haben. Allein Dichter, Philosophen, Religiöse haben auch hierüber Vieles und Schönes, vielleicht nicht ohne Wahrahnung, geträumt, was freilich erst die wissenschaftliche Prüfung bestehen muss.

Nimmt man auch an, dass kein Verstand und keine Vernunft die Thiere auf Menschenweise beseele, sondern dass ihr Leben ein blosser höherer Mechanismus sei, so ist doch klar, dass das Allgemein-Wesentliche der Anschauung in den Thieren ist, z. B. in einem Hunde, der seinen Herrn erkennt, nicht frisst, was er liebt, weil es verboten ist, u. s. w.; in einem Sperling, der liest, einem Vogel, der Lieder pfeift, u. s. w. Denn die Dinge wirken auf sie bloss durch das Licht, durch den Schall u. s. w., wie auf den Menschen. Die Alldurchdringung des Lichtes in der Natur, wonach stetig jede Wasserfläche in jedem Punkte alles spiegelt, wonach die geraden Lichtstrahlen von allen Punkten in jedem Punkte stetig sich durchdringen, wonach das Menschenauge ein steter inheller Allspiegel der Umnatur ist, es sei, in welchem Punkte es wolle, — wo nur Licht ist. — Alles dies ist ein Bildgleichniss, ein Ahm- und Ahnbild des Allerkennens, womit die Natur sich selbst erkennt. Doch wird diese Erkenntniss hier bloss als Aufgabe, problematisch, aufgefasst.

δ) Die Wissenschaft, welche in der Vernunftnatur und Naturvernunft, d. i. in dem Geistleiball und Leibgeistall ist. Darin ist die innerste Sphäre die Menschen-Wissenschaft, das ist die dem Menschen, jedem Einzelnen und geselligen Ganzen derselben, erlangliche Wissenschaft. Diese ist eine aus geistlicher und leibsinnlicher vereinte, vereingebildete Geist-Erkenntniss, gliedbaulich, wechselbelebt. Die die Menschenwissenschaft erzeugende Thätigkeit ist leiblich und geistlich, und zwar vereint der Zeit und der Kraft nach, stetig untrennbar. Dies ist die einzige, welche wir aus Erfahrung unmittelbar kennen und zum Theil in unsrer Gewalt haben und fähig sind, mit immer steigender Kunst und Bewusstsein auszubilden.

Gleichwohl dürfen aber die übrigen Glieder dieser Eintheilung nicht übergangen werden, schon aus geschichtlichen Gründen, weil Menschen sie für möglich gehalten, darüber gedacht und geschrieben haben, — z. B. bei der Sprachwissenschaft. Denn die Idee einer Sprache, womit Gott zu Natur,

---

ersten Theil von C und mit dem ersten Theile von D verbunden werden, dann mit Beibehaltung der vorigen mit dem zweiten, — bis letzten von D.

Vernunft und Menschheit redet, spricht und antwortet, hat das morgenländliche und europäische Gottinnigkeitthum aufgefasst; so die Idee der Sprache der Natur, worin die Natur zu Gott, zu Vernunft, zu sich selbst und zu der Menschheit spricht und antwortet, haben Jacob Böhme, Swedenborg, St. Martin u. a. m. geahnt. Man könnte einwenden: die Dichter und zum Theil auch die erwähnten Wissenschafter haben mit Bewusstsein bloss bildlich geredet. Allein es ist die Frage: ob nicht überhaupt v ielen in unsern Sprachen üblichen bildlichen Redensarten nicht weniger ein unbildlicher, wesentlicher Sinn zukomme, und insbesondre, ob dies nicht gerade bei diesem Gegenstande der Fall ist.

b) Der nächste Eintheilgrund ist rein nach dem Gegenstande der Anschauung, nach dem, was sich in dem erkennenden Wesen abspiegelt. Da können wiederum keine andern Glieder der Untereintheilung sein, als die unter *a*; weil der Idee nach alle Wesen alle Wesen anschaun. Mithin nach dem in 2 dieses § gegebenen Schema. Es heisse *u* Urwesen, *g* Geistall = Vernunft *l* Leiball = Natur, *gl* Geistleiball und *lg* Lebgeistall, aber $\frac{l}{g}$ unbestimmt, ob Geistleiball, oder Leibgeistall; ferner *ug* Urwesen lebenvereint mit Geistall, *gu* Geistall lebenvereint mit Gott, $\frac{u}{g}$ Beides unbestimmt, u. s. f.

Ferner heisse das Zeichen $\triangleleft$, welches das Auge andeuten soll, erkennt. So ergiebt sich mittels der beiden bis jetzt erwähnten Eintheilgründe folgendes Gliedbild der Wissenschaft:

$$u \triangleleft u$$

Das Urwesen erkennt das Urwesen. Diese Erkenntniss umfasst eigentlich alle Wissenschaft in aller Absicht.

Das ist, die eine Selbwissenschaft des Urwesens umfasst[*]):

Selbwissenschaft des ganzen Urwesens von ihm selbst, als über allen seinen Inwesen.

Wissenschaft Gottes von dem reinen Geistall.

Wissenschaft Gottes von dem reinen Leiball.

Wissenschaft Gottes von dem reinen Geistleiball.

u. s. w.

Auch die dreigliedigen Verbindungen gelten.

Auch das Erkennen des Erkennens, das ist die Wissenschaft von der Wissenschaft, ist darin enthalten, z. B.:

---

[*]) In der allgemeinen Sprache erscheinen diese Ausdrücke viel bestimmter, in Ansehung der grammatischen Nebenzeichen.

Das Urwesen erkennt, wie die Vernunft die Natur erkennt.

Gottes Wissenschaft von der Wissenschaft, welche die Menschheit von sich selbst hat, d. i. von der Selbkenntniss der Menschheit.

Anstatt des Zeichens ⊿ kann auch das eines Spiegels angenommen werden.

Aber sowohl das Zeichen ⊿ als das eines Spiegels sind nur Bildzeichen; das wahre Sachzeichen giebt die Urschriftsprache.

c) Hier verdient nun zunächst der Eintheilgrund nach der Erkenntnissquelle gewürdigt zu werden. Und als Beispiel wollen wir in dieser Hinsicht unsre menschliche Erkenntniss betrachten. Gewöhnlich wird die empirische oder Erfahrungs-Erkenntniss entgegengesetzt der rationalen, oder der Verstandeserkenntniss. Die empirische oder Erfahrungs-Erkenntniss ist, genau betrachtet, jedesmal die Erkenntniss eines Eigenleblichen, als solchen, also geschichtliche, individuelle Erkenntniss, — Vorstellung. Diese Erkenntniss hat nie Allgemeinheit, ja nicht einmal die Wiederholung des völlig Gleichartigen, als solchen, kann empirisch erkannt werden. Die empirische Erkenntniss ist entweder eine leibsinnliche, äusserlich empirische, durch die uns bis jetzt eröffneten fünf Sinne unsres Leibes, die man oft vorzugsweise die Sinne nennt, als wenn es nicht auch Geistsinne gäbe, oder eine geistsinnliche Erkenntniss, in der innern, zum Theil auch leiblichen Welt des Geistes, in der gemeinhin sogenannten Welt der Phantasie. Die leibsinnliche Erkenntniss hat der Geist nie rein, sondern erst durch die Geistsinne vermittelt. Genaue Selbstbeobachtung zeigt, dass wir von dem Eigenleblichen der Natur nur wissen, was davon in unsern Sinnen sich darstellt, nur die eigenleblichen Bestimmungen, welche als Beschränkungen ihres eignen Inlebens und Inthätigseins die Sinne unsres Leibes in der Wechselwirkung mit der sie umlebenden Allnatur erfahren. Diese fünf Sinneswerkzeuge sind in unserm jetzigen Lebenskreise die einzigen Zugänge zu dem Eigenleben der Natur, und mittelbar auch die einzigen Zugänge zu dem Eigenleben der Geister, welche, sowie wir selbst, auf derselben Erde, als Menschen, mitleben. Es scheinen aber im Menschenleibe noch andre Sinne, oder wenigstens andre Thätigkeiten jener fünf Sinne, zu schlummern, welche in den Erscheinungen des Leibinauflebens oder Leibinerwachens (des sogenannten thierischen Magnetismus) für diese Menschheit zu erwachen beginnen. Aber nicht einmal die Bestimmungen der leiblichen Sinne nehmen wir als Geister unmittelbar wahr, sondern nur das in dem innern Geistsinne Nachgebildete (Reproducirte). — Man sagt gewöhnlich: die Leibsinne trügen vielfach, z. B. das Auge; allein nie trügen die Sinne, sondern

der die Sinneswahrnehmungen auslegende Verstand trügt den
Geist, wenn er ungesetzlich und voreilig wirkt, und veranlasst
die Einbildung (Phantasie) zu voreiligen Nachbildungen des
in den Leibsinnen Dargestellten. Der leiblichen Erkenntniss
entspricht im Geiste die geistsinnliche, die uns im Wachen
und Schlafen nie verlässt, oder richtiger: welche im Wachen
und Schlafen stetig aus unsrer geistigen Thätigkeit, von uns
selbst gebildet, hervorgeht. Sie hat alle wesentlichen Eigenschaften mit der leibsinnlichen gemein, nur dass wir sie unmittelbar in uns selbst zu Stande bringen, die leiblichsinnliche
aber nur mittelbar durch dieselbe wahrnehmen. — Aber auch
das Allgemein- und Ewig-Wesentliche an den Dingen schaun
wir an, durch eine nicht sowohl über-, als nebensinnliche Erkenntniss — im Denken (Begreifen, Urtheilen, Urtheilverhalten
[Schliessen]); das Vermögen dieser Erkenntniss nennen wir
Verstand; wobei wir vorzüglich auch das Eigenwesentliche der
Dinge im Allgemeinen schaun (die Dinge ewigschaun, allgemein-
schaun, urallgemeinschaun), das ist, untersuchen und erörtern.
Diese Erkenntniss können wir daher die ewige nennen. Sie
schaut die Dinge zugleich an, wie sie in aller Zeit sein sollen,
urbildlich, urvorbildlich; daher kann auch diese Erkenntniss die urbildliche heissen. Ueber diesen beiden Erkenntnissen der sinnlichen und der nebensinnlichen aber
haben wir noch eine höhere, welche das Ewigwesentliche und
Zeitlebliche in einem und als eines, noch vor der Trennung
gleichsam erkennt, also eine urwesentliche Erkenntniss; das
Vereinigen derselben nennen wir Vernunft vorzugsweise, über-
sinnliche Anschauung (metaphysische, intellektuale, transcen-
dentale Intuition). Auch fliessen die erste und zweite Erkenntnissquelle zusammen, ohne darum ineinander zu ver-
fliessen, in der ewigsinnlichen, allgemeinsinnlichen,
zeitewigen oder ewigzeitlichen (urzeitlichen, urbild-
leblichen, urleblichen) Erkenntniss (synthetischen Anschauung), welche eigentlich unser geistiges Allleben vollendet,
aber von den Wissenschaftsforschern bis jetzt in aller Absicht
vernachlässigt worden ist. Keine Vorstellung eines Eigenleblichen kann vollendet werden, ohne dass das Eigenlebliche
auf den Begriff bezogen wird; und wir finden uns als das
Vermögen (dass wir theilsind das Vermögen), dies zu thun.
Ja, diesem Begriffe oder diesem Vereine von Begriffen gemäss
bilden wir selbst die Nachbildung der reinen Leibsinndarbild-
nisse, welche mithin verfälscht ausfallen, wenn jene Beziehung auf den Begriff fehlerhaft war. Da in der allgemein-
eigenleblichen, oder besser zeitewigen (lebenewigen und
ewigleblichen) Erkenntniss sowohl der Lebenstand der Gegenwart angeschaut wird, als auch das ewige Vorbild und der
geschichtliche Begriff, so eilt sie auch der eigenleblichen

vor und bildet sie ebenfalls nach; die zeitewige Erkenntniss ist also:

1. Vorschaun in das künftige Eigenleben (in die Zukunft),
   a) wie sie dem Urbilde nach sein sollte, wenn alle Kräfte vollwesentlich da wären;
   b) wie sie sein würde, wenn die vorhandenen Kräfte gesetzmässig gebraucht würden, ohne Innen- und Aussenstörung;
   c) wie sie sein werden, wenn bestimmte vorauszusehende Beschränkungen eintreten.

Dabei muss auch das Unvermeidliche vom Vermeidlichen gesondert werden.

2. Zurückschaun in das Voreigenleben, als Geist der geschichtlichen Forschung, als Rückahnung (historische Divination), selbst bei mangelnden Nachrichten. Ebenfalls wie bei 1, a, b, c.
   a) Wie es dem Urbilde nach hätte sein sollen;
   b) wie es den wirklich vorhandenen Kräften gemäss hätte sein können;
   c) wie es der eingetretenen Weltbeschränkung wegen wirklich gewesen ist.

Auch das urwesentliche Erkenntnissvermögen vereint sich mit dem begrifflichen, auch mit dem sinnlichen (von beiderlei Sphäre); und erst dadurch ist jene allgemeinsinnliche (synthetische) Erkenntnissart möglich. So wie im Doppelspath das doppelte Bild bei aller Vereinigung des Kalkes und Kohlenstoffes doch noch sicher beide Grundstoffe kund thut, so auch wird im Urwesentlichen das Doppelte in der zeitewigen Erkenntniss klar. Wenn also u, e, s die drei einfachen Erkenntnissvermögen bezeichnen, so haben wir folgendes Schema der menschlichen Erkenntnissquellen:

$$
\begin{array}{ccc}
& u & \\
ue & & us \\
e \quad ues & & s \\
ees & & ses \\
& es &
\end{array}
\quad
\left.
\begin{array}{l}
\text{oder, weil } s \text{ ent-} \\
\text{weder } g, \text{ oder } l \\
\text{(geistig-, oder} \\
\text{leiblichsinnlich)} \\
\text{ist,}
\end{array}
\right]
:
\quad
\begin{array}{ccc}
& u & \\
ue & & u\,(g,l) \\
e \quad ue\,(g,l) & & (g,l) \\
e\,e\,(g,l) & & (g,l)\,e\,(g,l) \\
& e\,(g,l) &
\end{array}
$$

Dieser Eintheilgrund nach den Erkenntnissarten ist dem ersten Eintheilgrunde, nach dem erkennenden Wesen, untergeordnet. Er weist hin auf den entsprechenden Eintheilgrund nach der Seinart des Erkannten, welcher ebenso dem Eintheilgrunde nach dem Erkannten untergeordnet ist.

Aber findet derselbe auch in Absicht aller erkennenden Wesen statt? Kann auch von dem Urwesen gesagt werden, dass ihm, als Ganzem über allen seinen Inwesen, jene Vierfachheit der Erkenntnissquelle zukomme? Fürs Erste, da Vernunft, Natur und Vernunftnatur Intheile Gottes sind, so ist jede Erkenntniss derselben eine Selberkenntniss, und zwar eine Theilselberkenntniss, Gottes. Aber auch der Idee des Urwesens als über seinen Inwesen widerstreitet nicht jenes vierfache Erkennen, sobald man nur die drei untergeordneten in ihrem Urwesentlichen, nicht in ihrem Beschränktwesentlichen, denkt. Eben so wenig widerstreitet dieselbe der Natur oder der reinen Leibheit. Ja, es zeigen sich in der Erfahrung Spuren davon; z. B. eine Einwirkung auf das Auge eines Thieres wird in die ganze Lebensthätigkeit desselben aufgenommen, welche nun dem gemäss Bewegungen u. s. w. hervorbringt.

Mithin sind dem Menschen in der gewöhnlichen Erfahrung zwei Reihen von Erkenntnissquellen eröffnet.

Innre
urwesentliche
(durch Vernunft in intellektualer Anschauung)
⎛durch den Verstand oder⎞ ⎛durch die Phantasie⎞
⎝die ideale Anschauung ⎠ ⎝ den Geistsinn ⎠
allgemeinwesentliche   eigenlebliche
allgemeineigenlebliche
(durch Verstand und Phantasie in Wechselwirkung).

⎱ Leibsinnliche
⎰ (mittelbar durch
  den Geistsinn).

Ob nicht auch reine Geister, sowie die Natur, sich dem Geiste mittheilen können, so auch das Urwesen selbst, das ist eine sehr wichtige Frage, welche an dieser Stelle weder zu bejahen, noch zu verneinen ist.

Bei diesem Gleichnissbilde ist zu beachten, dass es, wie jedes Endliche, in Bezug auf das Urwesen sich mangelhaft erweist, z. B. darin, dass es die Vereinsphären nur theilvereint, nicht alldurchvereint darstellt; welches bei Flächen nicht anders möglich ist (besser ist in dieser Hinsicht folgendes Bild, welches den Vortheil hat, dass es zugleich die Gegengesetzten als Selbständige darbildet).

Vereinen wir also die beiden Haupteintheilgründe, so ist unser Gliedbild nach folgendem Schema zu machen:

Erkenntniss

A. Nach dem Erkennenden.		B. Nach dem Erkannten.	
a) nach der Stufe	b) nach der Erkenntnisskraft 1) nach dem Seinniss 2) nach der Seinart.	1) nach der Seinheit (Inwesenheit). Der Wesengehalt eines Wesens ist a) das Reinwesentliche, b) das Eigne oder:	2) nach der Seinart (Modalität)
			urwesentlich ewig-　leben- wesent-　wesent- lich　lich ewiglebwesentlich

das Urwesentliche

das Wesentliche (Materie) (Wesen)	das Eigne (Form) im gewöhnl. Sprachgebrauch

das Wesenheiteigne

a) dem Urwesengliedbau,
oder der Stufe nach:
Urwesen
Geistall | Leiball
Geistleiball

Das Erkennen ist eine (von mehrern) allgemeinen In- und Verhalt-Wirkheiten (Kraftheiten) aller Dinge, als das Aussen*)- In-Sein des Urweseningliedbaues im Urwesen, besser das Abgegrenzt-in-sein des Urweseningliedbaues im Urwesen. Es ist also das Erkennen ein AbgegrenztInsein nach oben, nach unten, zur Seite. Indem ich z. B. das Urwesen erkenne, ist es, als mich in ihm selbst ur-inabgrenzend, *in* mir (da).

Oder nach andrer Darstellung:
Erkenntniss**)

nach dem Erkennenden		nach dem Erkannten	
nach der Stufe seines Seins	nach der Erkennkraft	nach der Stufe	nach der Seinart
Urwesen	urwesentlich	Urwesen	urwesentlich
UA AU　UN NU	en ue　nu lu etc.	UA AU　UN NU	ewig-　leben- wesent-　wesent- lich　lich
Vernunft- U all N A	Naturall	ewig- we- sent- lich　lebenwesentlich	Vernunftall　Naturall	
Vernunftnaturall [Menschheit].	ewiglebenwesentlich	ANU Vernunftnaturall	ewiglebenwesentlich

*) Aussen ist dreifach: a) was in-abgegrenzt ist als Intheil innerhalb eines Ganzen, b) was nach oben abgegrenzt ist, als Umganzes, c) was nach neben abgegrenzt ist als Mitintheil eines Höhergemeinganzen.

Aussen ist soviel als abgrenz, besser abgegrenzt

(überabgegrenzt
unterabgegrenzt　　nebenabgegrenzt (vorzugsweise aus ser).)

) Sind die **Kategorien selbst ein Gliedbau des Ur-All-Eignen des Urwesens, urwesentlich geschaut?

Reinschematisch:

—————————   —————————
————   ————   ————   ————
————   ————

Nun ist noch der Gegensatz von Wesen und Form und
deren Verein, der Wesenform, darzustellen. Besser: Wesen
und Eigne; Weseneigne und Eigenwesen. — Das Eigne ist
Ineignes und Verhalteignes (Ausseneignes), und zugleich entweder Innereignes, oder Grenzeignes (= Form).

Das Eigne ist

Selbeignes (Ineignes).	Innereignes (das ist inner der Eigengrenze des Wesens, dessen Innereignes es ist).	Nun beide vorige Glieder nach Wesenstufe, Seinart durch-glied-geschaut!
Verhalteignes	Grenzeignes (= Form) d. i. das Eigne eines Wesens, sofern es begrenzt ist.	
nach oben abgegrenzt- nach in-unten samgrenz- nach neben α) samab- (zur Seite). grenz- (= an) β) samein- grenz- (wechseleingreifend)	Grenze selbst ist: a) Weseningrenze (Wesendurchgrenze), z. B. Raum für die Natur. b) Wesenan- (oder um-) Grenze, z. B. die sechs Seitenflächen eines Würfels. c) a und b vereint.	
Selbverhalteignes.	Inner-grenz-(verein)-Eignes.	

Aber nicht genug, dass nach diesem Grundrisse gedacht
werde; sondern ebenfalls nach jeder falschen möglichen Ansicht; wobei combinatorisch (allfolglich) alle Fälle zu erschöpfen sind; deren freilich weit mehr, als der Wahrheit
sind. Dies Erschöpfen der Missformen ist sowohl geschichtlich, als prophetisch nothwendig, um davor sich und
Andre sicher zu stellen.*)

Betrachtungen über diese Tabelle (Begrifftafel).

Gehen wir von dem ersten Eintheilgrunde, dem Erkennenden, aus, so scheinen die drei ersten Glieder ausserhalb (aussergegrenzt) der menschlichen Anschauung nach
oben und zur Seite zu liegen. Wie möchte der Mensch erkennen, wie das Urwesen erkennt? — Allein es wird hier
nicht gefordert, die Erkenntniss selbst zu haben, welche das
Urwesen hat, sondern nur anzuschaun, wie die Erkenntniss

---

*) Wird einmal das Eingliedganze der Wissenschaft geschaut, dann
können auch die einzelnen Theile oder Systeme derselben (gleichsam ihre
Nerven-, Gefäss-, Muskel-Systeme u. s. w.) ausgeschieden und selbin-
ständig betrachtet werden.

des Urwesens ihrem Wesen nach ist. — Eben so können sogar gegen das Dasein des Vernunftalls oder der Vernunft Zweifel erhoben werden, geschweige gegen eine Erkenntniss, welche sie haben soll. Allein diese Annahme darf wenigstens ohne begründete Widerlegung auch nicht verworfen werden.

Eigentlich sollten wir wesenfolglich zuerst von der Erkenntniss handeln, in welcher das Urwesen sich selbst und Alles in sich selbst erkennt. Allein der ganze Gang unsrer Untersuchung fordert auch hier, von dem auszugehn, was wir in uns selbst sind und haben, und daran das Uebrige anschauend zu ketten. Nun ist uns allein die Erkenntniss unmittelbar anschaulich, die wir selbst erkennen, also menschliche Erkenntniss, und Alles, was wir über die Erkenntniss etwa wissen können, womit das Urwesen sich selbst erkennt, können wir doch nur als Menschen mit menschlicher Erkenntniss erkennen. — Wir wollen also in Ansehung des Eintheilgrundes des Erkennenden mit dem vierten Gliede, mit der Erkenntniss, beginnen, welche der Mensch und die Menschheit bilden. Haben wir dann diesen Theil des Gliedbildes durchdacht, so wollen wir untersuchen, ob wir über die übrigen Glieder dieses Eintheilgrundes einigen Aufschluss in uns selbst finden, das ist über die Wissenschaft in Gott, im Geistall und im Leiball und im ganzen Geistleibvereinall.

Von der Erkenntniss, welche das Vernunftnaturall hat, ist uns ebenfalls nur die des Menschen anschaulich und durch eigne Inerfahrung bekannt. — Aber zweifelhaft erscheint wiederum die Annahme, als habe die Menschheit eine Erkenntniss[*], als sei die Menschheit ein erkennendes Wesen; da sie doch, so weit unsre Erfahrung reicht, nur ein Sammelganzes von wechselwirkenden Individuen ist. Allein, werde sie zuvörderst nur als ein solches aufgefasst, so ist es wichtig, dies zu bemerken. Denn jeder Einzelne empfängt Wesentliches aus dem durch gesellig, wenigstens vereinten, Fleiss aller vorigen Geschlechter gewonnenen Erkenntnisschatze, wie urgeistig und neuerfindsam er immer sei, und wie Vieles er auch aus dem Schatze seines Eigenlebens dagegen gebe. Freilich eignet sich der Einzelne die Erkenntnisse der ganzen Gattung selbstthätig an, und nur dann ist sie in ihm fruchtbar. Die Erfindungen eines Individuum (Einzelmenschen) wirken bewusstlos auf Alle und veranlassen in urgeistigen Menschen neue Erfindungen einer höhern Stufe. Wie viele Menschen mussten zusammenwirken, ehe nur eine erträglich richtige Kunsterdkugel gemacht werden konnte!

[*] In dieser Hinsicht ist die Wissenschaft Werk 1) eines Menschen, 2) mehrerer Menschen, 3) aller Menschen, zunächst nur auf diesem beschränkten Erdganzen.

Wie Viele in edler und unedler Wissbegierde ihr Leben wagen!
Aus dem gemeinsamen, unübersehbaren Schatze der Erkenntniss dieser Menschheit bildet sich jeder Einzelne nach seiner
Geisteigenleblichkeit und Gemüthlichkeit eine eigne, eigen-
belebte und eigenschöne Sphäre, ein eignes organisches Ganzes
individueller Erkenntniss. Kein Theil dieses Gliedganzen der
menschlichen (oder menschheitlichen) Erkenntniss darf gering
geachtet werden; jeder ist heilig, ehrwürdig. Auch die
wegen wahren Nutzens gebildeten, sogenannten praktisch-
brauchbaren oder praktischen Wissenschaften, z. B. Oekonomie, Forstwissenschaft u. s. w. Ist es nicht menschheitwürdig
und schön, dass die Wissenschaft allseitig nach aussen wirke,
um das Menschheitleben zu bekräftigen und zu verschönen?
— Kann nun auch der Einzelne, zumal der, welcher den All-
gliedbau der Wissenschaft zu überschaun strebt, den innern
Reichthum aller einzelnen Wissenschaften, so wie sie die
Menschen dieser Erde bis jetzt gesellig ausgebildet haben,
nicht in einem Bewusstsein umfassen, so kann er doch das
Allgemein- und Erstwesentliche jeder Wissenschaft anschaun,
danach den Plan des innern Gliedbaues derselben vorzeichnen,
die schon vorhandne Gestalt derselben nach dem Allplane
der Wissenschaft (nach der Architektonik der Wissenschaft)
würdigen und so denen, die sich jeder einzelnen Wissenschaft vorzüglich widmen, bei ihrem Streben wesentlich nützen.

Die Erkenntniss der ganzen Menschheit spiegelt sich
auf dem Standorte jedes urgeistigen und ursinnigen Menschen
eigenleblich und eigenschön, wie das Bild der Sonne in jeder
Welle, wie das Allleben der Natur in jedem sehenden Auge!
— Deshalb ist die Ansicht: dass die Wissenschaft ein geselliges Werk der Menschheit sei, worin jeder einzelne ur-
geistige Mensch empfange und gebe, auch für die Literargeschichte wesentlich.

Da der einzelne Mensch nur innerhalb der Menschengesellschaft als selbständig erscheint, so auch sein Wissen,
es sei so unvollendet es wolle. — Soll Wissenschaft gebildet
werden, so ist sie unendliche Aufgabe für die ganze Menschheit und nur als menschheitliches Werk zu vollenden. Wenn
sich die ganze Menschengesellschaft im Anschaun der Idee
und des Grundrisses der einen Wissenschaft nach einem
Plan bestrebte, sie auszuführen, wenn sich ihre Glieder gesetzfolglich in die Arbeit theilten, das vom Einzelnen, Ge-
arbeitete gesellig prüften und in einen Gliedbau der Wissenschaft vereinten, dann liesse sich erst eine gleichförmige
und wohlgeordnete Ausbildung der Wissenschaft hoffen.*)

---

*) Das Erkennen der Menschheit ist einem (Produkt) Viel gleich,
dessen Materialien (Cofaktoren) zwar alle wesentlich, aber selbst durch
das ganze Viel das sind, was sie auch als einzelne sind.

Ist aber gleich die Wissenschaft ein Werk der Menschheit, so ist sie auch ein Werk des Einzelnen, und der Wahn ist abzuhalten, als wenn irgend Etwas als Wahres von der Mehrheit erst bestätigt, oder durch die Uebereinstimmung der Mehrheit wahr gemacht werden könnte, oder müsste. Die Wahrheit beruht in der Wesenheit der Wesen selbst, und selbst, wenn der Erkennende sich selbst erkennt, ist Wahrheit von ihm, als Erkennenden, ganz unabhängig. Die Wahrheit zeigt sich jedem echt Erkennenden, der sein reines Auge gesetzfolglich (wesenfolglich) bewegt, unmittelbar selbst an, und zwar ihm allein unter Millionen, wenn diese ein unreines Auge gesetzwidrig bewegen. — „Ich bin", und die ganze Reihe des Ingehaltes dieses Satzes ist ein einzelner Erweis für Jeden, dass es für jeden Menschen Wahrheit giebt (dass in jedem Menschen Wahrheit ur i n i s t), die sich selbst anzeigt, die sich nicht lernen lässt, sondern auf die sich nur hinweisen lässt, für den, welcher Augen hat! Mithin vermag auch die Einrede der unwissenschaftlichen Menge den echten Wissenschaftsforscher nicht irre zu leiten.

Anderwortlich.

Menschheit kann sowohl alle Menschen vereint, als auch einen Einzelnen bedeuten, sofern er das Wesentliche des Menschen in sich hat (ist). — Damit der Einzelne etwas wisse, muss er zuvörderst selbstthätig sein, allein auch die Gesellschaft der Menschen, wenigstens der Geister, hat stetig, und zwar zusammenwirkend, auf ihn eingewirkt und ist Mitur, dass sein Einzelerkennen diese bestimmte Form hat. Durch das, was die andern Menschen, welche gelebt haben, leben und leben werden, erkannt haben, wird meine Selbstthätigkeit geweckt, dass ich es frei auffassen und Neues dazu erfinden kann. Allein auch zu diesem Selbst-Erfinden wirken die andern gesammten Menschen mit. Daher kann man eine Erkenntniss, oder Erfindung nie allein sich selbst zuschreiben; es giebt kein Wissen oder Erkennen eines Menschen als isolirten Wesens, sondern als verbundenen Intheiles des Ganzen der Menschen. So bedient sich der erfindende Mathematiker aller Lehrsätze und Bezeichnungen seiner Vorgänger. Wenn ein Gelehrter auf seinem Zimmer die Gesetze des Erdlebens, z. B. der Gebirgsbildung u. s. w., erfindet, so ist dies dadurch möglich, dass zuvor Reisende die Richtung der Gebirge und viele Thatsachen des Erdlebens aufgezeichnet haben; er giebt nur das Resultat vielseitiger Beobachtungen. Hätte Mozart nicht solche Vorgänger, wie Händel, Bach, Haydn u. a. m., gehabt, so hätte er auch nicht gerade solche, wenn immer originale, Meisterwerke hervorgebracht. Wäre er auf Neuseeland geboren gewesen, so hätte sich sein Urgeist, sein

Genie, zwar eben auch gezeigt, und er hätte vielleicht auch
dort Bewunderung erregt; allein zu einer ähnlichen Vollkommenheit hätte er es dort nicht bringen können.

Menschliches Urwesenschaun des Urwesens.

Zuerst werde also die erkennende Menschheit verbunden
mit dem ersten Gliede der zweiten Reihe, mit der Erkenntniss aus urwesentlicher Erkenntnissquelle. Es ist Thatsache des
Bewusstseins, dass es in uns ein höchstes Erkenntnissvermögen
giebt, welches, über Verstand (Vermögen der Begriffe) und
Sinn (Vermögen der Vorstellungen) erhaben, diese beiden
untergeordneten Vermögen noch ungetheilt, noch ewig vor
der Trennung und der Vereinigung derselben, als Intheile in
sich fasst. Wie vermöchten wir auch, Verstandes- und Sinnes-
anschauungen in einem Bewusstsein zu vereinen und durcheinander zu bestimmen, ausser in und durch ein höheres Anschauungs-
vermögen? Als dieses Vermögen urwesenschaun oder ganz-
urwesenschaun wir, als ungetheiltes Ganzanschauungsvermögen.
Einige haben dieses Vermögen vorzugweise **Vernunft** und
diese Anschauung **Vernunftanschauung** genannt; Andre
intellektuale Anschauung. Wer dieses Vermögen nicht
gebraucht und sich desselben nicht bewusst ist, kann durch
seinen vorübergehenden Mangel dessen Dasein nicht wider-
legen, so wenig, als der Blinde das Dasein der Sonne durch
sein Nichtsehen.

Die urwesenschauende Menschheit schaut nun an zuvörderst das Urwesen, das eine, urganze, allseiende Wesen. Dass
diese Anschauung dem Menschen erreichbar sei, wird dadurch
erwiesen, dass sie Jeder auf das erste Mal vernimmt, auch
wenn er ihre gegenstandliche Wirklichkeit (objective Realität)
nicht anerkannt hat, oder leugnet. Wird bei dem Worte
Gott das Urwesen rein gedacht; nicht bloss im Bilde, wie
schön ein solches immer sein möge, und wird die bildliche Anschauung nicht mit der urwesentlichen verwechselt
(nicht für die urwesentliche selbst gehalten), so mögen beide
Wörter gleichbedeutend gebraucht werden. Schön ist das
Anschaun Gottes unter dem Bilde des Lichtes, des Vaters
(des Allvaters der nordischen Mythologie, des Vaters der
Menschen in Jesu Sinne), aber, wird dies bildliche Schaun
für das urwesentliche Schaun gehalten, so entstehen Vorurtheile, die der freien Entfaltung des Lebens der Menschheit
gefährlich werden. Es entstehen der Ursubstanz unwürdige
Vorstellungen, z. B. des zeitlichen Schaffens, Wollens, der
willkürlichen Genehmigung menschlicher Bitten u. s. w., Stolz
auf vermeintlich ausschliessende Gotteskindschaft u. s. f. —
Alle diese Nebenvorstellungen und unreifen Verwechselungen

eines Bildes mit dem Wesen selbst sollen hier abgehalten werden, sowie alle sogenannte positive, das ist reingeschichtliche, Gotterkenntniss, welche darum in ihrer Möglichkeit und Wirklichkeit nicht geleugnet wird, *wenn sie nur sonst erwiesen und erweislich ist.* — Der beste Name für das Wesen, was in dem Namen Gott ahnend bezeichnet ist, ist im Deutschen Wesen, ohne Seinartwort (Artikel), und ohne dass dafür ein Hauptstattwort (er, es, sie) gebraucht wird. Wesen mannförmig (starkförmig), weibförmig (zartförmig), oder sachförmig zu denken, widert dem weseninnigen Gemüthe. — Urwesen ist Wesen, sofern über und vor allen seinen Inwesen, welche sämmtlich Endwesen, Grenzwesen, Abwesen sind. — „Alle Wesen" kann man sagen, auch „ein Wesen, irgend ein Wesen", denn der Mangel des Seinartwortes heiligt den Namen Wesen, Gegenstandfall Wesen, Verhaltfall Wesens, Zweckfall Wesen, Angewirktfall Wesen, Ursachfall von Wesen. — Wäre es sonst thunlich, so sollte ein ganz neuer Urling gewählt werden, z. B. ö oder bo. Vielleicht Wès.

Eine schöne Wirkung äussert es auf mein Gemüth, wenn ich anstatt Gott: Gut setze —: Gut allein ist, Gut liebt mich, meine Hoffnung steht in Gut. —

Diese urwesentliche Anschauung der Menschheit schaut nun zuerst Gott, d. i. das Urwesen in seinem Urwesentlichen, als eines und ganzes Urwesen; ohne noch zu schaun, was das Urwesen, und wie es Alles in sich fasst, oder besser: in sich urist (urinist, ur-theil-ist), noch über und vor dem Erkennen Gottes als uringetheilten (nie: inzertheilten!). Nennen wir diese Erkenntniss Urwesenlehre, so ist sie die menschheiturwesentliche Urwesenlehre (absolute Theologie). Und selbst Gegner dieser Annahme müssen gestehen, dass diese Erkenntniss ihrem Begriffe nach die höchste und erste ist, zu der sich der Mensch erheben kann, wenn nur sonst dies Erheben möglich ist. Ja, diese Erkenntniss ist zugleich die eine, allumfassende. Denn das Urwesen ist Alles, was ist, und in der urwesentlichen Erkenntniss desselben, als des Urwesentlichen, ist mithin alle Erkenntniss enthalten. Deshalb aber wird nur behauptet: dass der Mensch das Urwesen als urwesentlich auf urwesentliche Art überhaupt anzuschaun, — nicht aber in seinem Innrn irgend zu durchschaun vermöge, sowie das Urwesen i urwesentlichem Selbstbewusstsein sich selbst durchschaut. Es lässt sich nur denken, dass der Mensch nur auf menschlich beschränkte Art das Urwesen schaue. Allein, wie immer beshränkt diese Anschauung sein möge, so wird sie Jeder, der as Urwesen anerkennt, für die erstwesentliche anerkennen, ohne welche ein, in den Schranken der Menschlichkeit, vollendetes Wissen unmöglich ist. — Ueberhaupt zeigt

sich bei Weiterbetrachten, dass das Schaun Wesens (d. i.
Gottes) das einfachste, dem Menschengeiste erste und leichteste
ist, vielmehr das Anschaun endlicher Wesen, als solcher, dem
endlichen Geiste überschwenglich. Das Urwesen, als solches,
schaue ich, — doch den Wurm in seinem Ureigenleblichen,
nach Werden und Sein, durchschaue ich nicht.

Denken wir uns nun das urwesentliche Anschaun, womit
sich das Urwesen selbst als urwesentlich anschaut, so ist
dies die höchste Erkenntniss, welche ist. Nicht die höchste
Erkenntniss, welche der Mensch selbst haben (womit der
Mensch selbst erkennen) kann, sondern die höchste Uraller-
kenntniss, von welcher der Mensch erkennen kann, dass sie
über ihm ewig urist. Die Wirklichkeit dieser Erkenntniss
angenommen, erscheint die Erkenntniss der Menschheit als
ein endlicher Intheil der Erkenntniss Gottes, indem das Urwesen alles Wahre, was Menschen beschränkt anschaun,
urganz, als eine, reine Wahrheit schaut und allen menschlichen
Irrthum als Irrthum, nicht, wie die Irrenden selbst, für Wahrheit. Ja, da das Geistall ein Wesenintheil des Urwesens ist,
so ist die Anschauung der Menschheit eine Theilselban-
schauung, womit das Urwesen sich selbst, aber nicht als urwesentliches, sondern als theilwesentliches, schaut. Diese
ganze Ansicht wird hier nur als eine mögliche aufgestellt,
ohne der Prüfung, oder freien Annahme irgend eines Lesers
vorgreifen, oder ihr Fesseln anlegen zu wollen, oder zu können.

Wer das Dasein eines Urwesens in dem erklärten Sinne
leugnet, oder wem das Verhältniss der Welt zu dem Urwesen anders gegliedert erscheint, dem gestaltet sich dann
auch das Allgliedbild der Wissenschaft ganz anders. Allein
der aufgestellte Grundriss umfasst alle und jede Erkenntniss,
welche in menschliche Gedanken kommen kann. — Ein Ma-
terialist wird Alles anders stellen, aber auch für viele Erkenntnisse, welche Menschen aller Völker angestrebt haben,
keine Stelle finden; ebenso die verschiedenartigen Idealisten.
Ein Dualist, der ein urgutes und ein urböses Wesen annimmt,
z. B. ein Altperse den Ormusd (Urlicht) und den Ahriman (Ur-
nacht), ein Altchaldäer den Ur und Bor, Gott und Teufel,
wird in der ersten Reihe diese beiden Glieder sich entgegen-
setzen u. s. w. Nur mit dem Unterschiede, dass der ein Urwesen Annehmende alle diese verschiednen Denkweisen selbst
begreift und das Entstehen derselben im Menschen zu gewissen
Zeiten und in gewissen Lebensaltern der Menschheit nachweisen kann; umgekehrt aber kann, wer jene dem erstern
einseitig und zum Theil verkehrt erscheinenden Ansichten
hegt, nicht nachweisen, wie die Annahme eines Grundwesens
entstanden ist. Während bei der Aufstellung des Grund-
baues der Wissenschaft, die im Urwesenschaun gebildet ist,

selbst dann, wenn dessen Wahrheit nur als möglich (problematisch) gesetzt wird, für alle mögliche Ansichten und Theilwissenschaften ebenfalls die mögliche (ebenfalls problematische)
und allgeordnete (urwesengeordnete) Stelle bleibt, wird durch
jede andre Ansicht, in Folge ihrer Beschränktheit, ein wesentlicher Theil des zu Untersuchenden (Problematischen, zu Prü-
fenden) voreilig und frech in das Reich der Träumereien, des
Irrthumes, des Unmöglichen verwiesen, — worin sich die for-
male Untauglichkeit jeder andern Ansicht, auch nur zu
einem Plane der Untersuchung, zeigt. — Auch für den
noch irrschauenden Geist.

Zunächst ist also nun die urwesentliche Erkenntniss der
Menschheit, worin sie urwesentlich erkennt das Urwesen*),
als das Ewige, Ewigwesentliche oder Urbildliche; versteht sich als das eine Ewige, worin dann alles einzelne
ewige Sein aller einzelner Wesen, der Vernunft, der Natur,
jedes Menschen, jedes Halmes, jedes Sandkornes als Intheil
beschlossen ist. Das Ewige fällt nicht mit dem Urwesentlichen zusammen, denn das Ewige ist Intheil des Urwesentlichen, aber nicht das ganze Urwesentliche, welches vor und
über Beiden, dem Ewigen und Zeitleblichen, ist. Auch wir
Menschen sind ewig, sogar in unsrer Zeitthätigkeit nach dem
ewigen Sitten-(Lebens-)Gesetze. Erkenne ich in der Raumlehre
irgend eine Raumgestaltheit, so erkenne ich ein Theil-Ewiges,
welches ein Wesen-In-Theil ist des Urwesens als des einen
Ewigen. Darin erscheint diese einzelne Wissenschaft wür-
diger, als wenn sie bloss erlernt wird um ihres Gebrauches
im Leben willen (z. B. für den Krieg, für die Oekonomie u. s. w.),
obwohl auch dieser Gebrauch wesentlich und selbst dieser
Befleiss sehr ehrwürdig ist. Das Ewige ist, als solches, dem
Zeitlichen gerade entgegengesetzt; aber auch das Urwesentliche, als solches, dem Zeitlichen, aber in andrer Stufe und
Beziehung. Das Urwesentliche ist Ur, Ganz, Erst, Alles, ohne
Gegensatz, bloss innenverschieden, intheilig (es ist seine Intheile). Ewig ist das Allwesentliche, und ewig sind wir selbst
als allwesentlich (allgemeinwesentlich), aber zeitlich dem Eigen-

---

*) Eigentlich sollte bloss gesagt werden Urwesen, oder: Wesen,
ohne Seinartwort (articulus, der, die, das), und ohne der Mehrzahl fähig
zu sein. Es ist schwer zu fassen, wie Menschen, welche in der Anschauung des einen Gottes leben sollten, das lateinische dei und das
griechische ϑεοί mit Götter übersetzen. Entweder sollten sie nun Urwesen nicht mit dem Namen Gott bezeichnen, oder sich des unsinnigen
Ausdruckes Götter enthalten. So wie man sagt eine Mythe, nicht
Sage, so könnte man sagen die Dei, Deen, Theö, Theo's. In vielerlei Zusammenhang passt die Benennung Gottahmbilder, Gottsinnbilder
u. s. w. Wessen gottinniges Gefühl dieser widersinnige Ausdruck nicht
beleidigt, — der verzeihe dem diese Aeusserung, dessen Gemüth dadurch
widrig berührt wird.

bestimmten nach. Diese beiden endlichen Seinarten (Endsein-
arten) sind nur in der Urseinart, im Urwesentlichen, gegen-
gesetzt und nur durch eben dasselbe vereint. Das Urwesen
bestimmt sich in sich selbst, ewig wesentlich, nach Urwesen-
gesetzen. Gleichwie der Mensch ein Intheil des Urwesens ist,
so auch jedes andre Wesen, was da ist; und da das Urwesen
in sich bloss dasselbe Wesen ist, so muss auch jedes Wesen
urwesentlich sein und alle Wesen, dem Wesentlichen nach,
einander gleich sein. So wie nun der Mensch nicht, als dem
Wesentlichen nach, sofern er urthätig ist, als angefangen gedacht werden kann, so auch jedes andre Wesen; auch das
Sandkorn ist der Substanz nach ewig, darin aber, dass es
diese eigenbestimmte Form hat, zeitlich.

Das Gesetz, wonach das Urwesen sich selbinbestimmt, ist
eines, da das Urwesen eines ist, ein Zweifaches, wenn im Urwesen zwei Erstintheile sind. Urviele Gesetze gelten, sofern im
Urwesen urviele Wesen sind. Und da das Gesetz das Gleich-
bleibende in dem Verschiednen ist, so ist an jedem Wesen
etwas, was in Allen ist, da alle Wesen Urwesenintheile sind.
— Alle Urwesenintheile sind so urwesentlich, als das Urwesen
selbst.

Das Ewige ist eben so ein Intheil des Urwesentlichen,
als Selbstbewusstsein ein Intheil des Selbstinnewerdens.

Betrachtet man einen einzelnen Satz der Geometrie, so
ist das, was von dem Raume, als begrenztem, gilt, ewige
Wahrheit, man untersucht etwas Ewiges in und an dem Urwesentlichen; so gedacht, erscheint die Geometrie höher, als
in dem, auch achtbaren, Gemeinausmessen. — Auch die Geometrie gehört also zu der ewigwesentlichen Betrachtung des
Urwesens.

Das nächste Glied ist die urwesentliche Erkenntniss der
Menschheit, womit sie erkennt das Urwesen als zeitleblich. —
Ist ein Urwesen, so ist alles in ihm, was ist, also auch das
Leben der Wesen, und zwar als ein Leben. Es ist in dieser
Wissenschaft das eine Leben des Urwesens in seinem Ganz-
wesentlichen, also auch in seinem Gesetze, zu erkennen, als
das eine Allzeitleben, das eine Zeitallleben, oder besser, als
das eine Allzeitallleben. — Dieses Vorhaben könnte vermessen
erscheinen; wollt also, könnte Jemand einwenden, ihr endliche
Wesen dem Urwesen Gesetze vorschreiben? — Allein, indem
wir erkennen, geben wir uns der Wahrheit hin und schreiben
die Wahrheit so wenig vor, als der Naturforscher die Gesetze,
die er erkennt, der Natur vorschreibt. — Die Zeit selbst ist
urwesentlich, das ist, die Urwesenheit des Urwesens theilist
zeitlich, das ist, sich-selbst-urallganzlebend. Nur darin, dass
das Urwesen inurzeitlich ist, ist jedes Wesen, als dessen dem
Ganzen ähnlicher Intheil, in-theil-zeitlich. — Zeit ist Aussen-

form (Grenzeige) des Lebens. — Gott ist urleblich, Gott ist das Urleben, also in ihm, ja in-an ihm als Urlebwesen ist die Urzeit. Daher ist die Zeit eine, weil das Leben eines ist. Wir selbst leben, auch unsres Lebens Gesetze sollen und müssen wir in der Menschheitlebensgesetzlehre*) erkennen. Sind wir nun Intheile des Urwesens, und ist unser Leben Intheil des Lebens des Urwesens, so ist unsre Lebensgesetzlehre nur als Intheil der Lebensgesetzlehre des Urwesens zu bilden. Also ist diese Wissenschaft, deren Begriff wir hier aufgestellt haben, unserm eignen Leben wesentlich nahe (von praktischem Werthe). — Wollte man sie griechisch nennen, so könnte sie Theobiotik heissen.

Das vierte Glied ist die menschliche, urwesentliche Erkenntniss des Urwesens als Ewigleblichen (als Zeitewigen). Hier wird ein solcher Verein des Ewigen und Eigenleblichen verstanden, wodurch der Gegensatz zwar vereint, aber nicht aufgehoben (vernichtet) wird. — So wie zwei sich chemisch durchdringende Körper (Stoffe), nicht, wie zwei Wassertropfen verbunden sind, welche letztere nun bloss einen grössern Tropfen, aber nichts Neuartiges bilden. Was dies heisse, das Ewige dem Zeitlichen zu vermählen, beide so zu vereinen, dass der Gegensatz nicht vernichtet, sondern bloss vereint wird, finden wir in uns selbst finden, wenn wir uns bestreben, nach dem ewigen Gesetze unser Leben zu führen. Denn das Gesetz ist das Ewige selbst, sofern es in der Stetgestaltung des Lebens als das Bleibende erscheint. Ist nun ein Urwesen, so ist es auch das eine Zeitewige, oder Ur-Lebliche, Ewig-Lebliche; und alles Ewig-Leben aller Wesen ist nur als Intheil desselben zu erkennen. Wir fanden in uns selbst, dass wir unser Leben dem Ewigen gemäss bilden sollen. Dennoch ist in diesem Erdenleben und bei dem jetzigen Zustande der Gesellschaft kein Mensch, der völlig rein und gleichmässig schöngut (eigenschöngut, urschöngut, in Urschöngüte) sein Eigenleben gestalten könnte, und wenn er engelrein geboren würde. Zwar nach und nach können sich Einige zur Anschauung ihrer urwesentlichen Selb-in-Würde erheben und zu völlig reiner Gesinnung läutern, dennoch werden auch diese mit Wehmuth Fehltritte und nicht gleichförmige Begeisterung, — nicht aber jene selige Harmonie der

---

*) Ethik, Sittenlehre gemeinhin schlecht benannt. Besser wäre Sittellehre; allein das Wort Sitte ist in diesem hohen Sinne todt, da es das Wesentliche nicht ausdrückt, und noch dazu der übrige Sprachgebrauch dieses Wortes unedel ist, indem willkürliche, ja abscheuliche Gewohnheiten der Völker sogut, als ihr Tugendliches, so genannt werden. Die Sittenlehre, in diesem beschränkten, aber veredelten Sinne, ist nur ein einzelner Theil der Menschheitlebensgesetzlehre, nämlich der Gesetzlehre des geselligen Menschheitlebens.

urwesentlichen, ewigen, zeitleblichen und ewigleblichen Ur-
sachlichkeit an ihnen selbst bemerken. Denn vom ersten Auf-
blicke nach der Geburt an wirken die verderblichsten Einflüsse auf Jeden ein; die Vorurtheile, Irrsale, Niedrigkeiten
des Volkes, worin. er geboren, verwüsten sein Innres und
seinen Leib, und er kann als Einzelner nicht widerstehen; —
eine offne Wachstafel, worein Engel und Teufel schreiben. —
Dazu kommt der Kampf mit den Aussendingen, mit den Be-
dürfnissen des äussern Lebens, der im Glück und Unglücke
durch die vernunftwidrige Einrichtung der Eigenthumsrechte
auf der ganzen Erde unvermeidlich ist. Die Reihe der Lust
und des Schmerzes (der Freude und des Leides) und die der
Tugend (Schöngüte) und des Lasters (Unmenschheit) gehen
nicht nebeneinander, greifen nicht (homolog) ineinander ein.
Dem Glückwürdigen wird oft Unglück zu Theil. Der Gutes
thut, empfängt oft statt des Freudigen, das darauf folgen
sollte, Schmerzliches, Betrübendes. Böses fällt oft mit Lust,
Gutes mit Schmerz zusammen. Dass auf das Gute Freudiges
folgen sollte, ist jedoch selbst erst zu erweisen. Die Sonne
des Lebens scheint Guten und Bösen, und die Stürme und
Erschütterungen raffen Gute und Böse ohne Auswahl dahin.
— Aber alles Leben ist Intheil des einen Uralllebens des Urwesens! — Sehet ihr nicht hieraus, werden einige sagen, dass
kein Urwesen ist? denn sonst müsste alles Leben eine selige
Harmonie sein; kein Wesen dürfte von seines Lebens Gesetze
wanken, und der Allgute müsste auch der Allselige sein. —
Allerdings ist die Frage nach dem Ursprunge und Gehalte
des Bösen, des Wesenwidrigen in der Welt eine der schwersten.
Sie gehört offenbar in den Theil der Gottwissenschaft, wovon
wir soeben reden, in die Gotturlebenlehre; denn diese nur
kann entscheiden, wie das Theilwesenwidrige im Allleben des
Urwesens zu vereinen ist mit der ewigen Urwesenfülle (Ur-
vollwesenheit) desselben. Diese Aufgabe hat die ältesten Völker
und Denker bis zu den neuesten beschäftigt. Das altarabische
Gedicht Hiob ist ein uraltes Philosophem hierüber. Der
Böse streitet dort mit dem Hausvater der Engel und Menschen, mit dem Heiligen, und behauptet, kein Mensch könne
im Unglücke gut bleiben, kein Guter das Unglück bestehen,
wenn es nur stark und vielfach genug ihn träfe. Der Himmels-
vater behauptet, dass zwar der im Guten Bestätigte wanken,
aber nicht fallen könne und sich dann wieder befestige. Weil
man glaubte, dass das Böse, und jene Disharmonie, die Idee des
Urwesens aufhebe, so hielt man es für nöthig, Gott wegen
dieser Erfahrungen zu rechtfertigen, und gab dem Theile der
Theologie, der diese Aufgabe löst, den Namen der Theodicee,
d. i. der Gottrechtfertigung. Die Verlegenheit entsteht zunächst bloss daher, weil es, nach den gewöhnlichen Ansichten

von dem Bösen, dem Urwesen nicht passend ist, dass es Böses
in sich bilde. Wer die richtige Vollanschauung von dem
Urwesen hat, wird einsehen, wie sinnlos und urwesenwidrig
das Vorhaben ist, Gott rechtfertigen zu wollen! Auch Leibnitz
schrieb ein Werk dieser Art, was zwar seinen Scharfsinn erweist, aber nicht der Sache genügt. — Offenbar gehört diese
Aufgabe als Theil in die Wissenschaft, deren Urbild wir hier
anschaun. Und in diesem höchsten Zusammenhange wird
sie lösbar sein, wie sich schon hier zum Theil andeuten lässt.
— Denn erstlich ist dies Unvollkommene nicht a n dem Urwesen, sondern an Theilinwesen desselben, sofern sie für sich
allein, nach ihrem Theilurbilde betrachtet werden. Um aber
diese Unvollkommenheiten zu würdigen, müssten sie im Urwesen, und eigenleblich im Allleben desselben, angeschaut
werden. Oder, wenn in einem wirklichen Staate auf einen,
oder mehrere Menschen nicht die gebührende Rücksicht genommen wird, so geschieht ihnen zwar allerdings Unrecht
vom Staate, aber nicht vom Urwesen, als Urwesen; sondern
vom Urwesen geschieht ihnen Recht, weil jenes Unrecht in
der Freiheit der Lebensausbildung der Menschheit eigenleblich
und eigenwesentlich im enthalten ist (ewig, als zeitleblich, folgt) und
zunächst nach den Lebensgesetzen dieses Staates erfolgt.
Das Urwesen müsste die Freiheit aufheben, also der Geistheit und Menschheit Unrecht thun, wenn jenen Menschen
jetzt nicht Unrecht in diesem Staate geschehen sollte. Und
was das Nichtzusammentreffen jener Reihen der Inwürde und
der Lust betrifft, so ist klar: dass das Gute gut ist um sein
selbst willen, und dass es ohne alle Beziehung auf Zeit,
ewig, seinem Wesen nach gewollt und ausgeübt werden soll.
Allein die Reihe von Lust und Schmerz fällt ausserhalb jener
innern Reihe der reinen Gut-Handlungen. Die Forderung
jenes Zusammenstimmens ist also nicht aus dem Eigenwesentlichen des Guten abgeleitet. Träfen jene Reihen immer zusammen, so würden die Menschen in dem Wahne bestärkt
werden, als wenn etwas urlebengut (sittlich gut) wäre um der
Folgen willen. In diesen Wahn verfallen sie ohnehin leicht
und werden durch sogenannt religiöse Vorurtheile darin erhalten; — dass sie dann nicht als freie Söhne, sondern als
bezahlte Knechte in Gottes Menschheitweinberge arbeiten.
Gleichwohl beruht die Forderung, dass Seligkeit und Pein
nach den Stufen der Inwürdigkeit ausgetheilt werden sollen,
auf noch höhern, urwesentlichen Forderungen; und es ist
aus der Urwesenwissenschaft gewiss, dass in vollendetem
Wachsthum der Menschheit die äussern Bedingungen der
Inseligkeit (die Glückseligkeit) selbst durch die freierwachsene
Menschheit gerecht werden ausgetheilt werden. So z. B. kann
nur die selbstgereifte Menschheit das äussere Eigenthum nach

Inwürdigkeit vertheilen. Auch die Wahrheit nun muss geschichtlich im Allurwesenleben ausgesprochen werden: dass das Gute wirklich rein als solches von Menschen anerkannt werde, und dass die Guten für dasselbe grenzenlose Leiden zu erdulden im Stande sind. Und so wie die Tugend selbst, so sollen sie sich auch zum Theil das äussre Wohlsein, dess sie durch Tugend würdig sind, selbst erwerben. — Wer diese Wahrheiten festhält, dem wird es möglich sein, in diesen Gegenstand, der für den erhabensten und tiefsinnigsten, für einen Prüfstein der Weisheit von allen Völkern gehalten worden ist, tiefer einzudringen. — Ein Beispiel, dass auch dieser vierte Theil der Urwesenlehre dem Leben nahe verwandt ist! — Ohne ihn könnte der Theil der Lebensgesetzlehre der Menschheit (der Ethik oder Sittenlehre) nicht vollendet werden, welcher das Menschheitleben in seiner Wechselwirkung mit dem All-Leben betrachtet.

Bei allen diesen Anschauungen haben wir nicht behauptet, dass ein Urwesen sei, sondern diese Annahme der freien Anerkennung eines Jeden überlassen, obgleich ich, der ich dieses schreibe, diese Anschauung des Urwesens habe, und das Dasein des Urwesens mir das Erstgewisse ist. Dieses Enthalten geschah und geschieht, um zu zeigen, dass an der bis hieher aufgestellten Denkreihe Alles zusammenhangig, Alles gewiss ist, sobald nur das eine Urwesen frei anerkannt wird. Frei heisst aber hier, so wie überall, nicht willkürlich, sondern selbständig, unabhängig. Diese Ueberzeugung lässt sich nicht mittheilen. Wohl aber lassen sich die Nebel, die der Erdgeschwister Augen umhüllen, verscheuchen, oder vielmehr, der Nebenmensch kann geweckt werden, dass er diese Wolken als solche anerkenne, das Urlicht, was durch sie hindurch ihn dennoch erleuchtet, ahne und, in dieser Ahnung erwärmt, jene Wolken urkraftlich auflöse.

Menschliche Urwesenerkenntniss des Geistwesens.

Nun haben wir zu betrachten die urwesentliche Erkenntniss, womit die Menschheit das Geistall oder die Geistheit, zunächst als urwesentlich seiend, erkennt. Es ist daher nothwendig, zuerst den Gegenstand dieser Wissenschaft in der Anschauung nachzuweisen, ihn anschaulich zu machen; obwohl ihn zu erweisen, das ist, seine Nothwendigkeit im Urwesen darzuthun, hier unmöglich ist.

Zuerst ist's erforderlich, sich über den Namen Geistall oder Geistheit zu verständigen. Dieser Ausdruck ist nicht gleichbedeutend mit Geisterall oder Geisterheit; denn unter diesem letzten ist der Inbegriff aller Geister als Einzelwesen, in eines jeden Selbstleben und Vereinleben, gedacht. Wir erfahren zwar bis jetzt nur mittelbar durch den Leib das Dasein einzelner Geister, und zwar ebenfalls nur solcher Geister, die, wie wir, mit einem Leibe vereint sind; allein wir können die Möglichkeit nicht verneinen, dass nicht auf andern Himmelleibern ebenfalls Menschen leben und Geister in andersgestalteter Einung mit der Natur; ja sogar, dass reine Geister da sind, kann ohne Grund nicht für unmöglich erklärt werden. — So erkennen wir unsern Leib zwar an als das im Erdenleben am vollwesentlichsten harmonische Naturleben und das Menschengeschlecht als das vollendetste Naturlebengeschlecht auf Erden; aber mein Leib, ja diese ganze Menschenleiberheit ist doch nur ein Theilleben in dem Alllleben der Natur! Wie sich nun verhält mein Leib zu der Allnatur, so vielleicht mein Geist zu der Geistheit? — Ferner, wie sich die Menschenleiberheit verhält zu der Allnatur, so die Menschengeisterheit (d. i. alle als Menschen erdlebende [auf Erden lebende] Geister) zu der Allgeistheit? *) — Diese Verhaltgleichung verdient, geprüft zu werden.

Man könnte anstatt Geistall sagen: Vernunftall, wenn nicht in unsrer Sprache ein widriger Doppelsinn des Wortes Vernunft sich fände. Vernunft bezeichnet erstens die Eigenschaft eines Geistes: die Einheit des Ganzen und aller Theile unter sich und mit dem Ganzen zu schaun, zu empfinden und zu wollen. Dagegen denken wir unter Verstand die Eigenschaft: die Unterschiede der Dinge, oder eigentlich das Eigenbestimmte — sowohl das ewige, als das eigenleblich Bestimmte — eines Wesens zu schaun, zu empfinden und zu wollen, daher bezeichnet Verstand ein dem Vernunftvermögen untergeordnetes Vermögen. Denn die Vernunft schaut das Ganze, die Einheit, der Verstand die Einzeltheile desselben, jeden in sich selbst und im Verhältniss zu einander, als Theile. — Die Vernunft erkennt aber auch alle Theile, sofern sie wiederum selbst Theilganze sind. Aber man versteht ferner auch unter Vernunft das der Allnatur gegenüberstehende Selbwesen (Substanz). — Ein ähnlicher Doppelsinn findet statt mit dem Worte Natur, worunter man bald das Wesentliche eines Wesens, bald auch das Leiball versteht. Ebenso denkt man sich unter Menschheit bald das Eigenwesentliche des Menschen, bald die Menschen zusammengenommen, in irgend einer Beziehung als Gesammtheit gedacht. Ebenso bezeichnet Gottheit bald Göttlichkeit, bald Gott selbst; im ersten Falle die Gesammtheit aller Gott wesentlichen Eigenschaften (Eignen). Aus diesem Doppelsinne der Wörter, welche die wesentlichsten Dinge bezeichnen, entspringt dunkle Weitläufigkeit; denn, was ein sach- und sprach-

---

*) Daher ist eben Geisterheit nicht mit Geistheit oder Geistall zu verwechseln; sondern die Geisterheit ist nur ein Intheil der Geistheit.

gemäss gebildetes Wort bezeichnet, wird eine umschreibende
Wortmenge nie so bezeichnen können.

Bei diesem Doppelsinne in unsrer Sprache, die doch
noch diese Hochbegriffe am besten*) bezeichnet, kann wissenschaftliche Klarheit nicht bestehen, und es ist daher das Beste,
neue und zwar wesentliche Benennungen (Wesennamen) zu
wählen. Diese müssen den Anschauungen, welche der Geist
schon entfaltet überblickt, gemäss und in einer deutschen
Wissenschaftsdarstellung aus dem Schatze der deutschen Wurzel-
wörter genommen sein. Da ist nun offenbar, dass der Name
W e s e n die allgemeinste und reinste Benennung für das eine
selbständige Wesen ist, welches, von seiner Güte, Gott genannt
wird. Diese Benennung müsste, weil nur eines, ohne Seinartwort (Artikel) stehen; dagegen das, ein Wesen u. s. w., oder d i e
Wesen nur endliche Wesen in Wesen bezeichnete. Im Gegensatze mit seinen Inwesen kann das Wesen Urwesen und von
seinen einzelnen Eigenschaften Gutwesen, Schönwesen u. s. w.
genannt werden. Da nun das Urwesen, wenn es ist, alle endliche Wesen als seine Theile inist, und da alle seine Inwesen
dem Wesentlichen nach mit ihm gleich sind; so muss auch
jedes Wort, welches einen Intheil bezeichnet, das Wort Wesen
beibehalten und durch Beifügen des Wortes, welches seine
Stufe und Eigenbestimmtheit ausdrückt, gebildet werden. So
gebildete Wörter bezeichnen richtiger, als alle seither üblichen,
und schneller. — Für die Natur bietet unsre Sprache die Wurzel L e i b dar, wobei aber, da es von l e b herkommt, nichts
Lebloses, nicht bloss Masse, Stoff gedacht werden könnte. Auch
dies Wort müsste ohne Seinartwort gebraucht werden. Ebenso
bezeichnet G e i s t ein Freilebendes, könnte also das der Natur
obstehende Selbwesen bezeichnen. Und Geistleib könnte der
Name für den Urverein der Natur und der Vernunft sein.
Auch könnte gesagt werden Leibwesen, Geistwesen, Geistleibwesen.

Wollte man, sobald von dem ganzen, dem Naturall gegen-
stehenden Wesen (Substanz) die Rede ist, d i e V e r n u n f t
sagen, sobald von der Vernunft als E i g e n s c h a f t die Rede
ist, V e r n u n f t h e i t brauchen und jedes einzelne eigenlebliche
Wesen in der Vernunft V e r n u n f t w e s e n benennen: so leistete
auch d i e s e r Sprachgebrauch etwas. Denn V e r n u n f t (aus
Vernehmende = Vernehmheit) bezeichnet ursprünglich eine
Eigenschaft, und das Ganze verdient eher den Beisatz Wesen,
als das eigenlebliche Intheilwesen, denn es ist in höherer
Stufe wesentlich.

Obgleich schon hierdurch die Wissenschaftsprache (gelehrte Sprache, Kunstsprache der Wissenschaft) sehr verbessert

*) Wo nicht etwa die Sanskritsprache bessre Bezeichnungen hat.

wird, so könnten doch in einer rein-wissenschaftlichen, rein
nach den Forderungen der Wissenschaft neugebildeten Sprache
diese Namen noch besser gewählt werden; aber, die deutsche
Sprache mit neuen Wurzeln zu bereichern, möchte wohl nicht
ausführbar sein. Man ist also genöthigt, die wenigstens in
abgeleiteten Wörtern noch üblichen Wurzeln (Urlinge) aufzusuchen, aus dem üblichen Sprachgebrauche ihre Urbedeutung
rückwärts auszumitteln, und dieser gemäss ihre wissenschaftliche Bedeutung zu bestimmen. Ein mühseliges und nicht sehr
belohnendes Unternehmen. — Könnte aber nicht die Ur-
tonsprache gleich der algebraischen dem deutschen,
oder anderlebsprachlichen Vortrage einverleibt werden?*) — In der reinwissenschaftlichen Sprache müsste jedes
Wort sogleich die ganze Wesenheit und Eigenbestimmtheit
jedes Wesens zu erkennen geben. Bedeutete z. B. ma einen
Menschen und r das Sein in der Weltbeschränkung, so bedeutet
mar einen weltbeschränkten Menschen; bezeichnet ferner ch
alles das, was in der Weltbeschränkung verdorben (eigenwe-
senwidrig) ist, so bedeutet march einen in der Weltbeschränkung verdorbenen (enturedelten) Menschen. — Eine solche
Sprache könnte und würde sich von einer Gesellschaft von
Wissenschaftsforschern aus nach und nach immer weiter ver-
breiten. — Sollen diese Neuwörter verstanden werden, so
müssen freilich erst die Anschauungen des Bezeichneten vor-
ausgegangen sein. Braucht man nun neue Wörter, so glaubt
das Volk, man habe die Anschauungen von dem, was ihm
heilig ist, nicht, und verwirft dann das Neue als schädlich. —
Daher kann man nicht immer vom gewöhnlichen Sprachgebrauch abweichen, wodurch freilich an Deutlichkeit und
Kürze verloren wird.

Um zuerst zu finden, ob diesem Begriffe einer urwesentlichen Geistallwissenschaft ein Gegenstand entspreche, dürfen
wir nur beobachten, ob wir in deren Lebenskreise Wahr-
nehmungen finden, die auf etwas hinweisen, welches nicht wir
selbst und zugleich nicht Theil des Leiballs ist. — Mehrere
Wissenschaften enthalten ewige Wahrheiten, die von der leibsinnlichen Erfahrung ganz unabhängig sind. Der Geist schaut
diese Wahrheiten nicht hin, sondern sieht sie, weil und so,
wie sie da sind, er erfindet sie nicht, sondern findet sie, er
macht sie nicht, sondern sie sind da. Daher alle Menschen,
sofern sie nur gesetzmässig ihr Geistauge richten und brauchen,
dasselbe ersehen, oder auch, sofern sie auf gleichartige Weise
ungesetzmässig oder gesetzwidrig die Geistsinne brauchen,

---

*) Ein Aehnliches pflegen mit der wissenschaftlichern Sanskrit-
sprache die Brahmanen zu thun, indem sie die heiligen Wörter derselben in ihre Reden und ihren Unterricht einweben. (Vgl. Oupnek'hat.)

gerade in denselben Irrthum verfallen; zu allen Zeiten, bei
allen Völkern, ja in allen Himmeln, wo Menschen sind, auf
gleiche Weise. Wo ist nun das, was an sich der Gegenstand
dieses ewigen Schauens, z. B. in der Mathematik, ist? Es erscheint in mir, zugleich ausser mir; unter mir, da ich es
als Ganzwesen schaue, zugleich auch über und neben mir.*)

---

*) Der Gegenstand aller geometrischen Wahrheiten ist z. B. der
Raum, und zwar der unendliche, ewige Raum. Es ist also etwas, was
nicht durch die Sinne angeschaut werden kann, sondern durch den Geist,
weil es nichts Allgrenzbestimmtes ist. Alle Wahrheiten nun, welche in
der Geometrie erkannt werden, sind ewig (unendlich), übersinnlich, weil
sie Eigenschaften eines Unendlichen, zunächst des Raumes, sind. Wir
erkennen sie aber, schaun sie an; und eben deswegen müssen sie auch
an sich etwas Bestimmtes sein, und zwar ausser uns, weil sie an dem
Unendlichen ausser uns vorkommen. Dieses Ausserunssein kann verschieden sein, entweder über uns, oder neben uns, oder in uns (untergeordnet in uns). Es scheint zwar, als wenn alle Gegenstände, auch
ihrer Raumheit nach, unter uns wären, weil wir darauf hinblicken; es
scheint aber auch, als wären sie über uns, weil sie Eigenschaften des
unendlichen Raumes sind, und zwar ewig, nicht erst von uns, auch ewig
nicht, gebildet; denn wir finden uns nur den Blick auf sie hinlenkend.
    Betrachtet man, um diesen Gegenstand noch durch ein andres Bei-
spiel zu erläutern, die wirklichen Staaten so, wie sie gewesen sind und
noch sind, so wird man bekennen müssen, dass sie grösstentheils nicht
so sind, wie sie sein sollten. Fühlt man aber dies wirklich, so muss
doch etwas sein, womit man sie in Vergleich stellt, und wodurch man
eben bemerkt, dass sie mangelhaft sind. Und dies ist das Vorbild oder
die Idee des Staates, der Urstaat. Ist dieser gleich nicht lebenwirklich
hier auf Erden enthalten (welche beschränkte Art wirklich-zu-sein man
gewöhnlich vorzugsweise wirklich nennt), wird er auch nicht so, wie
die einzelnen vorhandnen Staaten, von den Menschen gebildet; kann
dieser Urstaat auch nicht sinnlich, nämlich nicht leibsinnlich, erkannt
werden; so ist er doch da im Geiste, ewig, und geistsinnlich erkennbar.
So ewig die Wahrheiten der Geometrie sind, so sind es auch die Gesetze,
wonach ein jeder Staat gebildet werden soll, wenn er wirklich Staat
sein soll. Ich, der Erkennende und Staatbildende, bin ebensowenig der
Schöpfer der Idee und der Gesetze des Urstaates, als des Raumes und
der Gesetze seiner Ingestaltheiten (Linien, Figuren, Endkörper [End-
leiber, Erdräume]). Ich schaue bloss darauf hin und erkenne den Urstaat geistsinnlich. Auch dieser Gegenstand ist mithin ein Ewiges im
Geiste; dennoch erkennbar, obgleich nicht körperlich, noch zeitlich.
Alle, die darauf hinschaun, finden eben deshalb dasselbe, weil der Urstaat ausser ihnen als endlichen zeitlebigen Wesen, als ein Ewiges urist.
Freilich wird jeder Schauende den Urstaat sich eigenleblich ausgestalten,
allein innerhalb der Gleichheit im Erst- und Allgemein-Wesentlichen.
Alle diese Eigenausbildnisse sind wie einzelne Strahlen, deren Sonne
der Urstaat, wo in jedem Strahle noch das Ganze sich dargiebt.
    Solche Beispiele können so viele angeführt werden, als es einzelne
Grundwesen giebt.
       a) Wesen, b) Urwesen,
       d) Leibheit, e) Geistheit, g und k) Geistleibheit

                 Geistinleibheit Leibingeistheit
                    Inleibingeistheit,
   c) Urinendwesen,   = Menschheit

Wie nun dieses Insein des ewigen Ueberleibsinnlichen im Geiste eigentlich sei, bleibt hier Problem. Es ist eine Kunstregel der Meditation, bei jedem Problem zu erforschen, wie und inwieweit es schon da, wo es sich zuerst darstellt, gelöst werden kann. Zuweilen muss es auch noch ungelöst bleiben, ob es wohl da schon lösbar ist, weil zuvor noch Nebentheile betrachtet werden müssen. — Indess muss man bei jeder Stelle der wissenschaftlichen Forschung umschaun, wo sich und was sich Neues zeigt, gleichsam wie zarte Sprossen in dem Ur-Grunde des Ewigen hervorsehend. Kein Problem darf indess vergessen, sondern alle müssen gesetzfolglich angemerkt und aufgestellt und bei jedem Ruhe- und Besinnungspunkte im Fortbilden der Wissenschaft muss die Reihe der Probleme durchmustert und beurtheilt werden, welche von ihnen und wieweit sie, sowohl ihrer Natur, als auch den Wissenschafts-baugesetzen nach, nun auflösbar sind.

Vorzüglich fruchtbar ist es, sich bei dem Meditiren immer von der Uridee des Ganzen und der Theile leiten zu lassen, und nur einen Theil, abgesehen von seinem Ganzen und von seinen Nebentheilen, auszubilden. Bloss auf diesem Wege gelangt man zu neuen Wahrheiten, erfindend; und um so mehr zu reinen und wichtigern, je reiner und unverwandter man diese Absicht festhält. Genug, dass das Reich der ewigen Wahrheit nicht als Theil zum Leiball gehört.

Diese verschiednen Arten der Erkenntniss können nur in einem Ganzen, als dessen Intheile, sein; diese ist die urwesentliche Erkenntniss. — Die Annahme, dass der Geist Sinne habe, scheint vielleicht widersprechend; gleichwohl ist es so. Wenn man träumt, so hört, sieht, fühlt, schmeckt man Alles ebenso, wie im wachenden Zustande mit den Leibsinnen; denn während des Traumes glaubt man, dass es wirklich ist, und doch thun die Leibsinne nichts Wesentliches dazu, indem sie sich dann ruhig verhalten, obgleich nicht ganz unthätig, so dass derselbe Sinn doppelt erscheint, geistig und leiblich; dennoch aber an sich nur Eins ausmacht. — Nur die erwähnten vier Erkenntnissarten finden sich im Menschengeiste, und jede ist von der andern eigenwesentlich verschieden. — Das Anschaun mit den Geistsinnen ist zu gleicher Zeit möglich, wenn man auch mit den Leibsinnen anschaut. Indem ich z. B. leibsinnlich eine Statue (Stoffbild, Leibbild) anschaue, kann ich mir zugleich daneben eine gleiche geistsinnlich vor-

d) Urinleibwesen (Urinleibheitwesen), Ursammleibwesen, Ureinleibwesen,
e) Uringeistwesen,
g) Uringeistleibwesen {Uringeistinleibwesen, Urinleibingeistwesen
(Urinmenschheit, ohne Seinartwort [Artikel].)

stellen (hinschaffen). Ich kann mir aber auch an demselben
Ort im Raume noch eine andre Statue hindenken, z. B. eine
rothe, wenn die erstere weiss ist, oder auch eine ganz ander-
artige. Beide durchdringen sich dem Raume nach ganz innig,
aber nicht dem Wesen nach, — ohne sich zu vermischen.
Sollten sie leiblich, nach Naturgesetzen, sich durchdringen, so
müssten sie ineinander zerfliessen (sich chemisch ineinander
auflösen). Doch ist erst in der Naturwissenschaft zu untersuchen, ob nicht die drei in der Natur sich entgegenstehenden
Grundsphären, die Ganznatur als über ihren Intheilen, und
dann die beiden höchsten Intheile derselben, auch dem Raume
nach ineinander sind, ohne eben sich überall und immer zu
durchdringen. — Die Ineinanderlebung derselben würde dann
zeitkreislich (periodisch) erfolgen und sich lösen. —

Eine naheliegende Frage ist: wie sich der einzelne Geist
zum Geistall und dann auch zum Geisterall verhalte? —
Freilich können diese Fragen, nebst mehrern untergeordneten,
hier nicht gründlich beantwortet werden; wir müssen sie aber
aufstellen, um zu zeigen, wie wichtig und umfassend die Erkenntniss des Geistalls, und zwar zunächst die bestimmte Art,
es zu erkennen, ist, wovon wir sprechen.

Da sich die andern Geister, ausserdem, dass jeder von
uns sich selbst unmittelbar darstellt, nur mittelbar durch den
Leib und die Sprache wechseldarstellen, und wir in unserm
gewöhnlichen Zustande in die Erscheinungen und Beobachtungen
der Leibwelt verloren sind, so dass wir uns selbst als Geist
oft vergessen: so wird uns diese Betrachtung leichter werden,
wenn wir zuerst in der Leibwelt die ähnlichen Verhältnisse
aufsuchen.

Der Leib erscheint uns, wenn wir uns von den nähern
zu immer höhern Ganzen erheben, als Theil des höchsten
Leibganzen, der Allnatur oder, nach unserm Sprachgebrauche,
des Leibwesens. Dem Stoffe, d. i. seinem Ersteigenwesentlichen
nach, ist dieser mein Leib nicht entstanden, sondern ewig,
wie das Leibwesen selbst, nur als dieses eigenlebliche Wesen
ist er entstanden und wird vergehen. Die ihn bildende Kraft
formt bloss eigengesetzlich das Erstlebenwesentliche, den Stoff,
welchen sie, als ewig, schon vorfindet. Diese meinen Leib
bildende Kraft ist aber selbst nur Theil einer höhern Kraft,
obgleich auch in sich selbst ein Gliedganzes, d. i. sie enthält
(inist) Theilkräfte, welche selbst unter sich gleich und verschieden sind, und deren Wirknisse die Glieder des Leibes
sind. Diese Kräfte und ihre Wirknisse stehen unter sich und
mit dem Leibe, als ganzem, in Wechselwirken, sie rückbestim-
men auch den ganzen Leib, z. B. im Gehen, wo die Ganz-
bewegung aus dem Bewegen der einzelnen Glieder hervorgeht.
Alle allgemeinen Naturkräfte wirken auch nach ihrem Eigen-

gesetze im Leben dieses Leibes, z. B. die Schwere, jedoch mit dem Unterschiede, dass sie zum Theil von den Eigenkräften des Lebens abhängen und beschränkt und aufgehoben werden, wodurch eben die Leib-Eigenkräfte sich als von höherer Ordnung bewähren, z. B. meine Hand und mein ganzer Leib bewegen sich, in Schwere gehalten, der Schwere zuwider, nach allen Richtungen eigenfrei. — Mein Leib wird ferner von den umlebenden Leibwesen angewirkt, welche sämmtlich, so wie er, selbstinthätig sind, er ist mit ihnen in Wechselwirken. Alle diese Ausseneinwirkungen sind zur Eigenausbildung des Leibes aus Eigeninkraft wesentlich, z. B. der Druck der Luft. Der Leib nimmt aber auch andre Leiber in sich auf und bildet daraus, verdauend und sich nährend, sich selbst; ja sogar bildet er äussre Naturleiber nach, z. B. Eisen im Blute, Sand im Gehirn, phosphorsauren Kalk u. a. d. in den vielerlei Steinen der Lunge, Leber, Galle, Blase u. s. w. Doch haben auch alle diese Eigenwirknisse, z. B. Blut, Theeröl, Theersäure, Thierkali, Phosphor, — die nicht mehr gliedbelebt sind, etwas Eigenbestimmtes, da sie nur in der Mitwirkung der Gliedlebenskraft mit den allgemeinern Naturkräften gebildet wurden. — Betrachtet man ferner die Entstehung dieses Leibes, so erscheint er zwar als selbständiges, aber nicht als alleinständiges Wesen, sondern als einzelnes Glied einer in Raum, Zeit und Kraft stetigen Reihe von einzelnen Menschenleibern dieser Erde; und zunächst als Vereinwirkniss zweier an Geschlecht gegengesetzten einzelnen Menschenleiber. Wie aber der erste Mensch auf Erden entstanden, ob zuerst nur einer, ob Mann, oder Weib, oder Mannweib (Hermaphrodit), ist hier zu entscheiden nicht möglich.

Untersuchen wir nun die ähnlichen Verhältnisse des Geistes, so erkennen wir ihn eben so als einen einzelnen Theil des Geistwesens an; alle Geister erscheinen als wesengleiche Theile. desselben Ganzen, gleichsam Strahlen einer und derselben Urkraft. Eben so, wie der Leib durch die Sinne das, was in der Allnatur ist, theilweise anschaut, so schaut auch der Geist mit seinen Sinnen eine Welt (oder Gegenstände) an, die er selbst bildet, nach seiner Eigenleiblichkeit, obwohl der Stoff dazu schon vorhanden ist und als ewig erscheint. Aber nicht bloss geistsinnlich erkennt er, sondern er schaut auch Begriffe, Ideen und die urwesentliche Wahrheit an, welche nicht sinnlich erkannt werden können. So wie das geistsinnliche Anschaun so vielmal verschieden ist, als es verschiedne Geister giebt, so ist hingegen die Anschauung von den Ideen und vom Urwesentlichen nur eine, und ewig dieselbe. — Das Geistsinn-Erkennen ist, sowie das darin Angeschaute selbst, vom Leibsinnlichen wesentlich verschieden in Hinsicht der Seinart u. s. w. Das, was ich, sowie zugleich andere Menschen, leibsinn-

lich erkenne, ist ein und dasselbe dem Dasein und dem Raume
nach, es erfüllt nur einmal den Raum und stellt sich bloss in
sich selbst mehrmals dar. Was sich aber 'mein Geist, sowie
alle Geister, bildet, nimmt ebenfalls Raum ein, und so viele
Geister auch sein mögen, den einen Urraum. Es sind daher
auf Erden viele tausend, ja an sich urviele Geistsinnwelten
in demselben Raume, und keine stört die andre; aber auch
keine kann von einem andern Geiste gesehen werden, ausser
von dem, der sie bildet. Es ist also kein gemeinsames Gut,
sondern jede ist selbständig, unabhängig von allen andern.
Welchen Anblick müsste es gewähren, wenn man die vielen
Anschauungen der Menschen so durcheinander in einem Raume
erkennen könnte! — So weit unsre Erfahrung reicht, kann
in der Natur ein ähnliches selbständiges, dem Wesen nach,
Aussereinandersein, in demselben Raum nicht statthaben, ohne
dass davon die Leiber sich wesentlich durchdringen und in
der That ein neuer Leib werden, z. B. ein in Säure aufge-
löstes Metall ein Metallkalk u. d. m. — Doch eben so wie
die den Leib bildende Kraft die sich vorfindende Materie bloss
bildet, so auch der Geist wachend und schlafend. — Was
man sich von dieser Geistsinnwelt zu denken habe, können
Swedenborg's Ahn-Erkenntnisse derselben (welche er in seinen
mystischen Schriften, besonders in der über Himmel und
Hölle, dargelegt hat) erläutern, vorzüglich über das, was
nach seiner Ansicht dem Geiste nach dem Tode begegnet. —
Obgleich dessen Behauptung ohne Beweis aus urwesentlicher
und urbildlicher Anschauung, ja selbst ohne einen Erfahrungs-
erweis aufgestellt sind, so erkennt man doch darin Spuren
ewiger Wahrheit. — Was die Entstehung des Geistes seiner
äussern Lebensform nach betrifft, so können wir sie nicht
so beobachten, wie die des Leibes; vielleicht sind aber dazu,
dass einem Geiste ein neuer Lebenskreis entstehen soll, ebenso
zwei an geistigem Geschlecht entgegengesetzte Geister und
deren Leibverein (in einem Geisterthume) erforderlich; und
vielleicht sind alle Geister, die mit Leibern vereint auf Erden
als Menschen leben, eben so geistig, als leiblich, ein Geschlecht.
— Es ist hier nicht der Ort, diese Fragen zu entscheiden; sie
wurden nur erwähnt, um zu zeigen, dass der Wissenschaft,
deren Urbild wir hier anschaun wollen, ein Gegenstand entspreche (Gegenstand = Gegenwesen).

Genug, wenn sich aus diesen Betrachtungen bewährt,
dass ein Geistall ist (urist; insgemein: „dass es ein Geistall
giebt"), und dass alle die aufgestellten Fragen zuhöchst in und
durch die urwesentliche Erkenntniss desselben gelöst werden
müssen, welche mithin eine ausgebreitete, vielumfassende
Wissenschaft bildet. Diese dem Gegenstande (Erkennbar-
wesen) nach eine Wissenschaft ist nun selbst, wie jede End-

wissenschaft im Innern, der Erkennart nach vierfach: urwesentlich, urbildlich, eigenleblich und ureigenleblich. — Aus dem Angeführten ist ersehbar, wie lebennützlich schon die eigenlebliche (empirische) Erkenntniss des Geistwesens sein muss; um wie viel mehr also die urwesentliche und ewige; obgleich diese letztern noch weniger als die empirische bisher wissenschaftsförmig ausgebildet worden sind. — Die Psychologie (von ψυχή, ein mit einem Leibe vereinter Geist) und Pneumatologie (von Pneuma, Geist überhaupt) sind in Gehalt und Form noch in der Kindheit. Sofern die Geistallwissenschaft ihren Gehalt aus Beobachtungen des Eigenleblichen (der Erfahrung) schöpft, hat man sie empirische (Erfahrungsseelenlehre) genannt. Der hier gegebenen Andeutung gemäss ist sie noch nicht behandelt worden. In Platon's und seiner Nachfolger Schriften finden sich bemerkenswerthe Andeutungen und Anschauungen hierüber. — Man muss eigentliche, reine Erfahrungen und deren reinen Gehalt auch hier sorgfältig von den ewigen und urwesentlichen Erkenntnissen und von dem, was durch Schlüsse aus dem Erfahrenen abgeleitet worden ist, unterscheiden. Die empirische Psychologie, so wie Schelling, Fichte und andre (welche sich hierdurch als „Theilwisser" zeigen) unbedingt zu verwerfen, ist unwissenschaftliche Voreile. — In den vielen, vorzüglich ältern Büchern über die Geisterlehre ist viel Abergläubisches und überhaupt Wissenschaftwidriges; aber auch wohl manche wichtige Erfahrung und tiefe Einsicht enthalten. Der thierische Magnetismus zeigt Vieles, was wir bisher für abergläubisch hielten, als in höherer Erfahrung wohlbegründet. Dieser Fall schon kann uns im Verwerfen vorsichtig und im Aburtheilen behutsam machen.

Ferner finden wir, dem allgemeinen Ausspruche nach, in uns eine leibliche Welt, welche der äussern leiblichen Welt, worin wir gemeinsam leben, wesentlich ähnlich, zugleich aber auch unähnlich ist. Sie wird auch von uns für eben so wirklich gehalten, sobald wir ihr die sogenannte äussre Leibwelt nicht entgegen halten, z. B. im Traume. Alle wesentlichen Eigenschaften des Naturalls und jedes Theiles desselben finden sich auch an unserm Geistleiball: Stoffheit (Materialität), Licht, Wärme, chemische Beschaffenheit u. s. w., und alles dies stetig; auch hören, sehen, schmecken, riechen, fühlen, sinnwahrnehmen wir das Geistleibliche eben so, und fast eben so stark, als das äussre Leibliche (Leibleibliche, Naturleibliche). Nur zeigt sich zugleich ein wesentlicher Unterschied dieser beiden Naturen. Denn in der äussern Leibwelt (Aussenleibwelt) ist alles Einzelne gleichsam ein Guss, in Wahrheit eine Bildung, eine Schaffung (Schöpfung), ein Wuchs, gleichsam mit einem Schlage, Alles allbestimmt durch Alles, nichts

als freier, selbganzer Theil. So kann die Natur keine reine
Gestalt, kein Lebensglied allein, sondern alles nur im Urganzen, nur als Theilganzes bilden. Ganz anders der Geist!
Dieser gestaltet frei nach urwesentlich geschauten, unleib-
lichen Urbildern (Ideen), obgleich stetig als ein Ganzes, dennoch jeden Theil zu jeder Eigenschaft des ihm innerlich Leibsinnlichen als ein Selbganzes, nur der ewigen Folge seines
Willens und der diesem vorschwebenden Ideen gemäss, unabhängig von Zeit- und Raumfolge, als solchen. Jedes Glied
der Reihe ist geistfrei nach seiner eignen Idee gebildet (gestaltet). Die Natur kann eine Menschengestalt nur am ganzen
Menschen und von innen heraus gestalten; die Eigenbestimmtheit jedes noch so kleinen und untergeordneten Theiles, eines
Gräschens, eines Sandkornes — ist nur so in der Eigenbestimmtheit ihres Ganzlebens gebildet. Dagegen ist in der
Geistleibwelt jeder Theil und jede Theileigenschaft als ein
Ganzes für sich, welches seine Reihe anfängt nach seiner
eignen Idee, und dann (doch nicht der Zeit nach, dann erst
[wesendann erst]) mit den Vor- und Nebengliedern verbunden;
eben deshalb zwar in Zeit und Raum, aber nicht daran gebunden.

Merkwerth ist ferner, dass jeder Geist seine eigne Geistleibwelt zu haben scheint, welche, um da zu sein, der Geistleibwelt andrer Geister nicht bedarf. Denn wir vermögen
in unsrer heutigen gewöhnlichen Erfahrung im Wachen und
Schlafen keineswegs unmittelbar in die Geistleibwelt unsrer
Nebenmenschen, welche die einzigen Geister sind, mit denen
wir mit unserm Bewusstsein umgehen — hineinzuschaun und
hineinzuwirken; sondern können bloss durch leibsinnliche, sprach-
liche Mittheilung einer des andern Geistleibwelt nachahm-
bilden. — Es ist freilich durch Erfahrung nicht zu erweisen,
dass unmittelbare Mittheilung der Geistleibwelt und Wechsel-
einwirkung in dieselbe unmöglich sei; es verdient vielmehr,
urwissenschaftlich geprüft zu werden, ob nicht Geister und
Leiber dieser Erdmenschheit erst im Wechseleinleben begriffen
sind und darin, nach dem Masse ihrer Alllebenfähigkeit, erst
eine untergeordnete Stufe erlangt haben, und ob nicht die
Urbestimmung der Menschheit fordre, dass, sowie die Leiber,
also auch die Geister unmittelbar mit einander umgehen. —
Wäre dies, so könnten doch die einzelnen eigenleblichen
Geistleiblebenreihen der einzelnen Geister an sich nur ein
Geistleiball sein, nur gebildet und belebt nach dem Eigen-
gesetze der Vernunftfreiheit; und die Scheidewand zwischen den
einzelnen Geistleiblebenreihen der einzelnen Menschengeister
dieser Erde könnte nur durch die Vereinlebengesetze des
Naturalls und des Geistalls gezogen und zeitlich vorübergehend sein.

Zwar schreibt man im Gemeinleben dem Geistleiblichen nicht die Wirklichkeit zu, als dem Leiball und seinen Intheilen, allein dies scheint ein Vorurtheil zu sein. Denn es scheint bloss darauf zu beruhen, dass die Natur uns allen gemeinsame Lebenssphäre ist und von jedem einzelnen Menschgeiste anerkannt wird, auch jeder einzelne sie einwirkend gestaltet. Uebrigens werden wir von unsrer Geistleibwelt eben so angewirkt, als von der Natur; so lange wir schlafen, halten wir alle Traumgebilde für wirklich, freuen und betrüben uns über sie; riechen, schmecken, fühlen, sehen und hören sie. Selbst andre Menschen stellen wir uns in ihrer Eigenleblichkeit täuschend wahrhaft vor, wie im Wachen. Das Ewige und Urwesentliche, — Wahres und Schönes und Gutes, wird in ihr geistigfrei eben so wesentlich und eigenleblich gestaltet, als in der Natur. Ja die Inbildnisse des Dichters, Musikers, Malers, Bildhauers, Schauspielers sind in seiner Geistleibwelt vollwesentlicher, als in der danach, als nach ihrem Musterbilde, geschaffnen Aussendarstellung in der gemeinleblichen Natur. — Die Wirklichkeit des innern Geistleiblebens ist daher eine eben so eigenwesentliche als die Wirklichkeit des Naturgesammtlebens. Es ist eine merkwürdige fernscheinliche (perspectivischeTäuschung des Geistes, dass er die ihm eigne, innre, wesennähere Geistleibwelt für weniger wesentlicher hält, als die ihm fremde, äussre Naturlebenwelt.

Es giebt daher auch eine urwesentliche Erkenntniss von dem Geistleiball jedes einzelnen Geistes, wenn es eine Erkenntniss des Urwesens giebt.

So haben wir im Geiste eine Welt des Ewigen, des Urbildlichen, und eine Welt des Leiblichen anerkannt, und zwei nebengeordnete Theilganze urwesentlicher Erkenntniss. — Allein beide innre Welten sind im Bewusstsein des Geistes nicht getrennt und alleinständig, sondern bloss im Vereinleben selbständig. Der Geist gestaltet stetig das Geistleibliche nach dem Ewigen und macht sich das Ewige anschaulich durch zeitlebliche Gleichnissbilder. Diesen Verein bildet der Geist selbst, als urwesentlich über und vor seinen beiden Neben-Inwelten seiend. Ja, der Geist wird sich unmittelbar inne, dass dieses Vereinbilden sein Eigenwesentliches, als lebenden Wesens im Geistall, ist. — Es entsteht hieraus die Aufgabe, auch dieses Vereinleben des Geistes als Geistallkraft mit den beiden Inwelten des Geistalls, wodurch beide höher gebildet werden, urwesentlich zu erkennen.

Menschliche urbildliche oder ewige Erkenntniss des Geistalls.

Alles, was ist, ist als Intheil des Urwesentlichen; nichts andres, als das Urwesentliche, aber ein durch das Urwesent-

liche als Ganzes eigenbestimmter Intheil desselben zu denken.
So erscheint auch alles Einzelne, was im Geistall angeschaut
wird. Das Geistall ist ewig, sofern es als Urwesentliches
dem Zeitleblichen in sich entgegengesetzt ist. In diesem
Gegensatze sowohl, als in dessen Vereinigung, wird sich auch
jeder Menschengeist sein selbst inne; er setzt sich selbst als
ewigem Wesen entgegen sich selbst als zeitliches Wesen und
bildet sich lebend selbst als ewigzeitliches oder zeitewiges
Wesen, indem er mit urwesentlicher Kraft sich selbst als zeitliches Wesen, gestaltet nach sich selbst, als ewigem Wesen.
Dieser Gegensatz und dessen Vereinigung zeigt sich auch
im Erkennen, das ist: im Geiste selbst, sofern er erkennt.
Daher haben wir schon früher diese vierfache Erkenntniss
des Menschengeistes bemerkt und anerkannt. So erkennt
sich der Menschengeist auch selbst ewig oder urbildlich, und
zwar sich selbst als urwesentlich, als ewig, als zeitleblich und
als zeitewigleblich. Diese Behauptung könnte leicht dem
noch ungeübteren Denker leer scheinen. Deshalb mögen
einige Erläuterungen hier stehen! — Dass der Menschengeist
sich als urwesentlichen Geist, als ganzen Geist, vor dem
Gegensatze des Zeitlichen und Ewigen in ihm, erkennen könne,
das findet Jeder in sich als Thatsache des Bewusstseins, indem er sich selbst als sittlicher Mensch, und zwar als über-
sinnliches und überurbildliches, also urwesentliches Wesen,
nach seinem eignen Urbilde zeitleblich gestaltet und diese
Anforderung nicht anders beseitigen kann, als indem er ihr
Genüge leistet. Dass sich der Menschengeist dieser seiner
Thätigkeit inne oder bewusst werde, das ist eben, dass er
sich selbst ewig, als eines Urwesentlichen, bewusst werde, —
dies ist selbst Theilbedingung der reinsittlichen (rein eigen-
lebgesetzlichen) Vollendung des Geistes. — Dass ferner der
Menschengeist sich sein selbst in ewiger Erkenntniss, vor und
ohne alle Zeiterfahrung inne sei, als ewigen Wesens, ist ebenfalls aus der innern Anforderung klar, sich selbst als zeitlebliches Wesen nach sich selbst, als ewigem Wesen, zu bestimmen. An dem Selbsterkennen des Geistes, als zeitleblichen und eigenleblichen Wesens, als freier selbständiger
Person (Ich), zweifelt Niemand, sobald von einer zeitlichen,
das ist geschichtlichen, Erkenntniss die Rede ist. Die ewige
Erkenntniss sein selbst, als zeitlichen Wesens, aber möchte
Einigen schwieriger anzuschaun sein. Gleichwohl kommt sie
in der Erfahrung jedes Menschen vor. Denn in dem Bestreben, sich selbst als zeitlebliches Wesen sittlich, das ist
schöngut, nach sich selbst, als ewigem Wesen, zu bestimmen,
findet jeder Mensch, dass ihm sein eignes eigenlebliches Ideal
schon in der ewigen urbildlichen Geist-Welt vorschwebt, dass
er sich selbst schon so als ewig da erkennt, wie er sich so-

eben zeitlich bilden will. In der Sittenlehre, das ist Geist-
lebensgesetzlehre, ist, als einer ihrer Inwesentheile, diese
ewige Erkenntniss der ewigen Gesetze aller Zeitlebensgestaltung
(Belebung, Geistbelebung) unentbehrlich; und ohne diese kann
sie nicht lebeneinwirksam (praktisch kräftig, fruchtbringend)
sein. — Auf gleiche Art und in der gleichen Betrachtung er-
hellt auch die Wesentlichkeit der ewigen Erkenntniss des
Geistes von sich selbst, als zeitewigem Wesen, wonach er
unter Anderm beurtheilt, wie er selbst, als zeitlebliches
Wesen, gesetzfolglich gebildet werden solle nach sich selbst,
als ewigem, durch sich selbst, als urwesentlichen; wonach er
dann auch die Bildungsstufe seines eignen soeben wirklichen
Lebens würdigen und seinen nächsten Bildungsplan entwerfen
kann. —

Kennt man das Urbild und die Lebensgesetze des Geisteralls, so wird man jeden Geist, auf welche Art er immer
sich uns darstellen mag, sogleich würdigen, man hat einen
Anhalt, der ewig wahr ist, und wonach sich jeder Geist richten
muss. —

Ein Keim von Güte ist auch im Menschen wirksam,
bevor er jener Gesetze in klarem Bewusstsein inne wird (er
ist ein geistiger Naturalist, wie ein ungelernter Fechter). Man
lasse nur solche gute Menschen in Fälle kommen, wo sie
vermöge der äussern Einwirkungen gereizt werden, so werden
sie gewiss auch gleichartig gegenwirken. Wie ist es möglich,
dass Jemand ein Kunstwerk bilden kann, wenn er nicht die
Gesetze der Kunst kennt? —

Diese vierfache ewige Selbsterkenntniss des Geistes beschränkt sich nun nicht auf ihn allein, als einzelnen Geist,
sondern umfasst ihrem Urbilde nach das Geisterall und das
Geistall. Er erkennt sich ewig als nur ein Theilkraftganzes
unter den urvielen, ihm gleichwesentlichen Theilkraftganzen
(Geistern), welche das Inewige des Geistalls mit dessen Inzeit-
leblichem in ein Zeitewiglebiges vermählen. Es ist freilich
nicht möglich, hierüber an dieser Stelle Vieles weiter zu sagen,
eben weil es sich nur in wissenschaftlichem Zusammenhange
anschaun und anschaulich machen lässt; zumal, da der enge
Erfahrungskreis des jetzigen Erdmenschheitlebens uns nur einen
endlichen Theil des Geisteralls, in äussern und innern Lebens-
beschränkungen und Lebenssiechthume, und nur mittelbar,
durch die Natur, unter sich gesellig verbunden darstellt. —
Dass aber dieser Gegenstand einer urwissenschaftlichen Prüfung
würdig ist und auf das Leben des Menschen, und insbesondre
auf die Lebensgesetzwissenschaft (Sittenlehre), wichtigen Einfluss hat, das wird jedem Sinnigen aus dem Gesagten einleuchten.

Menschliche zeitliche oder geschichtliche (historische) Erkenntniss des Geistalls.

Der einzelne Geist ist nicht da bloss als ewiges Wesen, sondern zugleich als Eigenbestimmtes, Eigenlebliches, das aus eigner Kraft sich selbst bildet. Als zeitlebliches Wesen ist er auch unvermögend, das Zeitlebliche anzuschaun (zu erkennen), mithin auch sich selbst. Die zeitliche Erkenntniss umfasst sowohl das Eigenbestimmte im Zeitleblichen, als auch das im Zeitleblichen Gemeinsame (das Zeitleballgemeine, Zeitallgemeine, Eigenleballgemeine), jedoch, ohne es dem Ewigallgemeinen (dem Urgemeinsamen) entgegenzusetzen; als auch das Zeitallgemeine im Verhältnisse zu dem Zeiteigenleblichen. Das Zeitallgemeine ist wiederum verschieden, jenachdem es das Zeitallgemeine eines Eigenlebwesens (Individuum), oder mehrerer Eigenlebwesen. Die Anschauung des Zeitallgemeinen eines Eigenlebwesens ist dessen geschichtlicher Begriff. Ferner betrachtet die zeitallgemeine Anschauung entweder das in der Zeit Bleibende (Zeitlebenunveränderbare), oder das Gemeinsame der Lebensgestaltung selbst; ja selbst das Bleibende ist wiederum entweder das Substrat, das Urseiende, sofern an ihm Leben selbst ist, oder das Bleibende des Lebens, und zwar wiederum der Gestalt selbst (das Urseiende der Grenzheit), oder der Gestaltung.

In allen diesen Hinsichten erkennt jeder Menschengeist zuvörderst sich selbst, oder kann sich wenigstens selbst erkennen. Und eben so auch andre Geister, die mit ihm in demselben Kreise, ihm erkennbar, leben. Und zwar als Mensch aus doppelter Erkenntnissquelle, einmal geistsinnlich, dann auch leibsinnlich, allein Letzteres bloss mittelbar, sofern er das Leibsinnliche in einer ähnlichen geistsinnlichen Anschauung aufzufassen und nachzuahmen vermag. Dies ist in unserm gegenwärtigen Zustande für die geschichtliche Erkenntniss des Geistalls wichtig, weil jeder Menschengeist jetzt jeden andern nur mittelbar, durch leibsinnliche Erkenntniss, anschaut. Ob aber nicht auch Menschengeistern dieser Erde noch vergönnt werden wird, sich auch geistsinnlich unmittelbar, ohne die Leibsinne, und zwar auch zugleich mittelbar, durch die Leibsinne, zu schaun, das kann hier nicht entschieden werden. Ist die Geistleibwelt aller Geister nur eine, und die eines Jeden nur Theileigengestaltung eines Theiles jener einen Geistleibwelt, so wäre es an sich, wenn auch noch nicht soeben jetzt auf dieser Erde, möglich, in diese, als über und vor allen Eigenleben-Geistwelten urseiende, und mit letztern wechselwirkende, einen ähnlichen Blick zu thun, wie in das Naturall, wenn es dem Leibauge als Firmament erscheint. Ja, es lässt sich hier auch darüber nicht entscheiden, ob nicht auch das ganze Eigeninleben, Anschaun, Empfinden und Wollen einzelner Geister unmittelbar leben-vereint, also auch geistleblich wechselangeschaut werden könne. Die Liebe und der lebeninwache (lebensmagnetische) Zustand zeigen leise Spuren ähnlicher inniger Lebensver-hältnisse. Und es ist hier eben so wenig, etwas leichtgläubig anzunehmen, als frech, ohne Beweis der Unmöglichkeit, zu leugnen. Ob also nicht ein Geistall-Eigenlebenschaun dem einzelnen Menschengeiste, hinieden, oder jenseits wesentlich sei, wovon unsre jetzige geschichtliche Erkenntniss nur ein Erstdämmerschein ist? — Ob uns nicht die Geschichte dieser Erdmenschheit-Geisterheit (d. i. des endlichen Theiles des Geisteralls, welcher, mit der organischen Höchst- oder Allgattung dieser Erde vereint, als Menschheit erscheint) in zeitleblicher Erkenntniss der Geisterheit, wovon alle Menschengeister, die auf dieser Erde leben, Glieder sind, aufbewahrt und, wenn wir gestorben, oder bei hoher Bildungsstufe auch noch den Lebenden, werde aufgethan werden? —

Ein Theil der zeitleblichen Geistallkunde, nämlich die der Seele, das ist des mit dem Leibe vereinten Geistes, ist in neuern Zeiten, zur Ehre derselben, unter dem Namen der empirischen Psychologie oder Erfahrungsseelenlehre mit grossem Fleisse bearbeitet worden. Abgesehen von den Mängeln dieser Bearbeitungen, denen es insgesammt an ur-wissenschaftlicher Einheit und an strenger Sonderung des wirklich zeitleblich Beobachteten von dem Erschlossnen ge-bricht, — ist die Idee dieser Wissenschaft urwesentlich (ur-gehaltig) und ihre Ausführung des grössten Fleisses werth. — Die zeither in den angeblichen metaphysischen Systemen abgehandelte sogenannte Pneumatologie umfasst zwar alle Geister, reine und menschliche, allein sie ist doch nur auf die Geisterheit, nicht auf die Geistheit, nur auf das Geister-all, nicht auf das Geistall gerichtet, und es fehlt ihr, so wie aller zeitherigen Metaphysik, an urwesentlicher Einheit und gliedbaulicher Gestaltung.

Menschliche zeitewige Erkenntniss des Geistalls.

Der Mensch wird sich sein selbst als Geistes nicht bloss ewig allein, und zeitleblich allein, sondern inmittelst seines urwesentlichen Bewusstseins auch als zeitewig bewusst. Er bezieht sein wirkliches Geistleben auf das Ewig-Wesentliche sein selbst, als Geistes; und eben so sein Ewig-Wesentliches auf sein Zeitlebliches und beurtheilt, in wie weit das Ewige im Zeitlichen dargestellt ist, und wie weit das Zeitliche dem Ewigen überein, oder zuwider ist. In diesem Anschaun liegt zugleich das Innewerden der urwesentlichen Forderung, das Zeitliche dem Ewigen gemäss zu gestalten, und das Ewige in

so weit anzuschaun, als es zur Gestaltung des Zeitleblichen
erforderlich ist. Diese Vereinbildung beider Erkenntnissarten ist
dadurch möglich, dass die ewige Erkenntniss auch das ewige
Gesetz aller zeitleblichen Geistbildung anschaut, und in allem
Zeitleblichen das Ewige als Bleibendes und das Urwesentliche
als Schönes wirklich da ist. Diese zeitewige Selbsterkenntniss des Geistes ist eine Bedingung der Geistlebenskunst.
Ebenso ist ganz allgemein die zeitewige Kenntniss jedes Wesens
die Grundlage der Kunst, dieses Wesen zeitleblich gut und
schön zu gestalten; z. B. den Staat, den Urwesenbund (Kirche),
die Schönheit des Menschenleibes.

Als Menschen ist uns in unserm jetzigen Erfahrungskreise,
von dem Geistleben andrer Geister eine zeitewige Erkenntniss zu bilden, nur vergönnt, sofern diese Geister Menschen
sind, und sofern wir sie leibsinnlich und durch Sprache vermittelt erkennen, und zwar beschränkt auf diese Erde. Ueber
das Geistleben reiner Geister, reiner Geistergesellschaften,
ausererdlicher Menschheiten, oder über Vereine der Erdmenschheiten eines Sonnenbaues und noch höherer Ganze
des Geisterreiches sind noch keine anerkannten Erfahrungen
vorhanden. Daher auch noch keine zeitewige Erkenntniss
davon möglich. Noch weniger über die Urallzeitentfaltung
des Geistalls, sofern es auch über dem Geisterall, und mit
diesem selbst von oben vereint, lebt.

Allein die Grenzen, welche jetzt uns Erdnern in Ansehung der zeitewigen Erkenntniss des Geistalls gesetzt sind,
dürfen wir ohne Beweis nicht für bleibende, noch weniger
für ewigwesentliche Grenzen halten. — Diese Wissenschaft
wird sich erweitern, sowie die Grenzen unsres Erfahrungs-
kreises erweitert werden.

Um diesen Gegenstand noch anschaulicher zu machen,
wollen wir ihn durch ein Beispiel erläutern, welches indess
nur als ein Traum gelten soll.

Ein Himmelskörper, ähnlich unsrer Erde, habe den Hoch-
grad seiner Lebensausbildung erlangt, wo sich das Glied-
lebenreich (Reich der organischen Naturprodukte) entfalten
kann, und zuhöchst in diesem der vollwesentlichste Gliedleib,
würdig, Geistern, als Menschen, durch des Urwesens Ueberein-
wirkung vermählt zu werden. Vielleicht verlieren seine Menschen
sich anfangs in die sie umlebende Natur und erheben sich
nach und nach dahin, sich selbst zu beobachten. Sie bilden
zunächst solche Wissenschaften und Künste, wozu sie das
Bedürfniss und die Natur selbst anleiten, doch auch früh
schon solche, welche reingeistig wesentlich sind, wie Musik und
Dichtkunst. Sie bilden sich dann auch als Geister reiner
und höher aus; sie fühlen in sich ein Streben nach reinen,
urwesentlichen und ewigen Erkenntnissen, in rein wissen-

schaftlicher Gliedbildung (wissenschaftlicher Form). Die Kunst
veredelt und erhöht sich durch Wissenschaft; das Reinschöne
bildet sich hervor. Indess reift auch das Erdleben selbst,
in allen seinen Gliedern und Kräften; der Wohnplatz des
Menschen wird, auch in Mitwirkung des Geistes, lebensreicher,
friedlicher, schöner. Der Mensch vereint sich in Familien,
Ortschaften, Stämme, Völker, Völkervereine. Er lernt die
Erde selbst nach und nach genauer kennen, mehr als Ganzes
und alle Theile im Ganzen anschaun und die Menschen selbst
immer mehr als ein geselliges Ganzes, als eine Menschheit
würdigen. Endlich erwacht lebhafter und reiner die Idee des
Ewigen und Urbildlichen, ja endlich auch die des Rein-
urwesentlichen. Ein Streben nach dem Allharmonischen, All-
lebenschönguten, bleibt nicht aus; es muss sogar nach Ur-
gesetzen des Geist- und Menschheitlebens erfolgen. — Dies
ist die Zeit, in welcher wir auf dieser Erde leben.
— Während dessen finden sich alle vorige, in Hinsicht des
Ganzlebens niedre Stufen noch eigenleblich in verschiednen,
noch einzellebenden Völkern und Stämmen, zur Warnung und
Lehre der höheraufgelebten. Immer verjüngt sich das Geschlecht in neuen, eigenurkräftigen Menschen. Das Sterben
der Leiber ist eigentlich kein Vernichten; die Kraft, welche
diesen Leib bildet, bildet, von diesem Wirknisse scheidend,
einen neuen Leib, und der verlassne weset alllieblich heim in
die Natur. Auch dieses ganze Erdleben hat seine Vollzeit,
es erreicht seine Krafthöhe und schwindet dann bis zum
Hinsterben. Gleichwie der Menschenleib, stirbt auch diese Erde,
doch ihre ewige Kraft bleibt ewig und bildet eine neue.
Schon vor ihrem Hinscheiden — Aufwärtsheimwesen — bildet
sie weniger Geschöpfe: zuerst nimmt die Zahl der Einzelnen
ihres edelsten Geschöpfes, des Menschenleibes, ab, und so gesetzfolglich der nächstedeln; zuerst verschwindet die Menschheit, dann die edlere Thierheit, nur die einfachste Thierheit und
Pflanzheit erhält sich bis zuletzt, wo die allleblichen Natur-
bildungen allein noch bestehn und durch Feuer und zeit-
kreisliche Allfluth umgewandelt werden; wo dann die Erde einen
neuen Lebenskreis beginnt, so lange sie dess noch infähig
ist, und die Liebe der Geschwister- und Eltern-Sterne sie be-
kräftigt.

Um an diesem Beispiel inne zu werden, wie wichtig das
urbildliche Erkennen des Geistwesens für die Ausbildung des
Menschheitlebens ist, dürfen wir nur Folgendes bedenken:
wann erst Wissenschaft bis zu gehörigem Grade gebildet
worden, so wirkt diese Erkenntniss und dieses Kunstschaun
auf Alles ein, was Menschen thun, auf alle Theile ihres einzelnen und selbständigen Lebens. Sie schaun geistig das
Urbild an und suchen es nun in Wissenschaft und Kunst

lebenwirklich zu machen. Dies ist nicht möglich, ausser im
Schaun (im Lichte) des Urwesentlichen, ja des Urwesens selbst;
denn in ihm wird das Zeitliche urbildgemäss in Schöngüte
allvollgestaltet. — Das Zeitliche, Eigenlebliche als solches, ist
gleichwesentlich, als das Ewige, gleich inwesentlich im Urwesen, und durch das Urwesentliche in Frieden und Liebe
schöngut gebildet. Man hat die urbildliche Betrachtung der
Dinge Philosophie derselben genannt, z. B. Philosophie der
Geschichte der Menschheit. Ueber diese haben wir manche
achtbare Versuche. In allen findet sich bis hieher viel Vor-
eiliges und Albernes. In allen fehlt die Urwesenerkenntniss,
die Idee des Urallebens im Urwesen, und eben daher organische Gliedbildung.

Menschliche Erkenntniss des Leiballs (oder der Natur).

Nun ist das vierte Glied unsres Gliedbildes menschlicher
Erkenntniss zu betrachten, die Wissenschaft von der Natur,
die Naturwissenschaft, das Naturwissthum. Es ist
merkwürdig, dass die Menschen die Naturwissenschaft, besonders die leibsinnliche (die sogenannte empirische Physik), viel
genauer und ausführlicher behandelt haben, als die Geistwesenlehre. Allein dies ist leicht daraus zu erklären, dass
bei dem jetzigen Stande unsrer Bildung der Menschengeist
überhaupt noch in die äussre Naturbeschauung (in die sogenannte Objectenwelt) verloren ist und der äussern Natur-
erscheinungen mehr, als sein selbst, inne wird. — Der Name
Natur (vergl. S. 53) bezeichnet ein Werdendes und Erzeu-
gendes, also Allerzeugerin, das Werdall, die Werdin, All-
werdin. Diese Benennung ist einseitig, da die Natur als
Ganzes so wenig wird und sich verändert, als das Geistall;
und da das Geistall im Innern eben so wird und erzeugt, als die Natur. Auch ist dieses Wort deshalb untauglich, weil man es oft in einem weit allgemeinern Sinne, als
Inbegriff des Wesentlichen eines jeden Wesens, nimmt,
wie in den Redensarten: die Natur der Dinge (natura rerum,
dagegen rerum natura: das All), die Natur des Menschen
u. s. w. — Doch ist auch die Wahl eines deutschen Wortes
nicht leicht. Unter Körper, auch einem todten Fremdworte,
denkt man sich gewöhnlich etwas Todtes, Lebloses, Träges;
eben so unter dem gleichfalls fremden Materie und dem
urdeutschen Stoff. Der Name Leib wegen seiner Ver-
wandtschaft mit leben und bleiben scheint der beste, ja
in unsrer Sprache der einzig richtige. Nur muss dabei be-
dacht werden, dass unter diesem Worte nicht reine Kraft
und nicht reiner Stoff (Materie), sondern beide, oder vielmehr
das Ganze über und vor aller Intheilung, vor und über allem
Gegensatze gedacht werde; ferner, dass man unter Leib vor-

zugsweise den höchsten uns anschaubaren Gliedleib, den Menschenleib, versteht. Die Redensart „Leib und Leben" steht zwar scheinbar dieser Erhebung des Sprachgebrauches entgegen, ist aber unerheblich. Das, was man gewöhnlich Leib nennt, ist nur Gewirktniss des Urleibes, sofern er, als Kraft, in der Zeit sich selbingestaltet. Die Natur, als Urwesen-ihrer-Art, würde also der Ur-Leib heissen.

Wir wollen daher unter Leib ohne Seinartwort (Artikel) oder Leibwesen, Leiball das dem Geistall im Urwesen gegenstehende Selbwesen verstehen.

Zuerst nun ist die Frage, ob ein solches Wesen ist, und ob und wie weit wir es erkennen können. Die Sinne stellen uns eine stetige, beschränkte, aber unbestimmt, bloss durch die Endlichkeit unsres Auges, beschränkte Lebenssphäre des Leiballs dar. Bewaffnen wir unser Leibauge durch Sehkunst (durch ein Kunstauge, Augenglas) und zugleich durch die Schliesskraft des vernunftlichen, wissenschaftlich gebildeten Geistes: so erkennen wir diese Sphäre der Natur als stetig, als eine Kraft, als ein Wirkniss; und die leibsinnliche Erfahrung entscheidet gar nicht über die Frage, ob das Leiball in Raum und Zeit und Kraft urganz und allseitig sei.

Es ist an anderm Orte (Allerweckung zur Wissenschaft) gezeigt worden, dass überhaupt auch keine sinnliche Erkenntniss (äussre Erfahrung) der Natur möglich wäre, wenn wir nicht die Anwirknisse der Natur in unsern Leibsinnen geistsinnlich nachgestalteten und nach Massgabe urwesentlicher und ewiger Anschauung erst auslegten.

Es soll hier das Naturwesen, oder Leibwesen, betrachtet werden rein in sich selbst und für sich selbst, vor und ohne Verbindung mit dem Geistwesen. Daraus folgt aber nicht, dass wir, die wir Geister sind, die Natur unmittelbar, wie sie in und an sich selbst ist, anschaun können; denn dieses muss erst untersucht werden. Ferner, wenn hier die Natur als alleinständig betrachtet wird, so wird damit nicht behauptet, dass sie auch alleinständig sei. Vielmehr zeigt sich, dass die Natur mit dem Geistall verbunden lebt. Und da sie in dem Urwesen ist, und es diesem wesentlich ist, dass dessen Intheile unter sich in ihm verbunden seien, so ist die Natur urganz-verbunden mit der Vernunft; kann also in keiner Zeit erst angefangen haben, mit der Vernunft, d. i. mit dem Geistwesen, verbunden zu werden. Dennoch, soll ein Wesen etwas in irgend einem Verhältnisse, wie in dem des Vereines, sein, so muss es zuerst — das ist weseneher, nicht zeiteher — an und in sich selbst etwas sein: was nicht eigenselbwesentlich ist, kann auch nicht verhaltwesentlich sein. Es giebt:

All[gemein] Eigen Alleigen	ur ewig leb[lich]	wesentliches eigenliches [grenzliches] formliches.

Das Eigenwesentliche wieder befasst in sich:

a) Ureigenwesentliches

b) Ewig-eigenwesentliches   c) Leblich-eigenwesent-
(Ewigeigenbestimmtes,   liches, Eigenlebliches
Eigenewiges)

a vereint mit b,   b vereint mit c,
b vereint mit a,   c vereint mit b,
a vereint mit b vereint mit c.

Man kann und muss sich also die Natur zuerst in ihrem
Eigenwesentlichen rein und für sich allein denken, und dann
erst in ihrem Verein mit dem Geistall und mit dem Urwesen.

Wäre Naturall und Geistall getrennt und alleinständig
im Urwesen, so wäre dies ein Bild dafür.

Denkt man sich hier unter c Urwesen, unter a Geistwesen, unter b Natur; so fühlt man schon im Bilde, durch
den Sinn des Auges vermittelt, eine Oede, Wüste, etwas
Schreckendes, Verlassnes, was zu viel Raum hat und doch
ängstlich beschränkt ist. Denkt man sich aber das Verhältniss der Natur zu Gott und Vernunft unter diesem Bilde,

so sieht man sogleich selbst in dieser Figur noch das Ge-
fällige, Wesengemässe. Vollendet man diese Figur dadurch,
dass man noch d hinzufügt, das Urwesen, sofern es, als über
beiden, sich mit beiden vereinigt, so gewährt sie nun zuerst

volle Ruhe und Harmonie. Nicht aber soll dies darum, weil
es die sinnliche Erkenntniss für wohlgefällig hält, auch
als gültig und wahr angenommen werden; sondern es ist
bloss gesagt, dass, falls es wahr wäre, auch schon die sinnliche Erkenntniss gleichgefühlig übereinstimme und daher
eine sinnvolle, angemessne Bezeichnung darbiete. Dass eben

so für den Gesichtssinn ein Gefühl des Wesengemässen und
Schönen dem Menschen innewohne, ist eben so wahrscheinlich,
als es für das Gehör gewiss ist. Man empfindet sogleich ein
Wohlgefühl bei dem Zusammenklange der Oktave, Terze und
Quinte, und einen Uebelklang bei der Oktave und Quinte
allein.

Da wir nun hier die Natur ohne alles Andre, für sich
allein, in ihrem Eigenwesentlichen betrachten, so müsste auch
eigentlich bei diesen Beobachtungen und Untersuchungen
nichts andres, als Natürliches vorkommen. Allein zur Er-
läuterung durch das Aehnliche im Entgegengesetzten kann
auch Geistiges und Urwesentliches angeführt werden; wenn
nur die Ergebnisse für die Naturwissenschaft rein gesondert
werden.

Nach dem Vorbilde unsres Gliedbau-Grundrisses der
Wissenschaft ist zu untersuchen die Möglichkeit und der
Gegenstand folgendes Naturerkenntniss-Ganzen.

Von allen diesen ist die reinzeitlebliche, und zwar die
leibsinnliche, Naturerkenntniss (empirische Naturlehre oder
Physiologie) am fleissigsten, aber auch am unbesonnensten,
ausgebildet worden. Denn nur selten und unvollkommen hat
man bemerkt, dass eine solche Naturerkenntniss nur nach
ewigen und reingeistlichen Voraussetzungen möglich und zu
allen Zeiten auch nur in so weit wirklich gewesen ist. Aus
dieser Unbesonnenheit folgt eine zweite: dass die reinen Er-
fahrnisse, der reine Gehalt der Sinneswahrnehmung, nicht aus-
gesondert wird sowohl von dem daraus wirklich Erschlossnen,
als auch von dem, was, nach willkürlichen, zum Theil be-
wusstlosen Voraussetzungen, erst in die Erfahrungen hinein-
gelegt wird. — Es ist keine reingeistige Phantasienträumerei
so abgeschmackt, dass sie nicht zur Grundlage empirischer
Naturforschung, oder als Erklärungsgrund der Erfahrungen vor-

ausgesetzt worden. Man denke nur an die Körperchen (Atomen, corpuscula, molécules) mit Häkchen und Eckchen und Schräubchen und leeren Zwischenräumchen der Atomistiker aller Zeiten, von Epikur bis Hauy, an die Wirbel des Cartesius u. s. w.; Annahmen, die weder aus leibsinnlicher Beobachtung, noch aus reingeistiger, urwesentlicher und ewiger Naturwissenschaft geflossen, sondern mit frecher Willkür geisterträumt sind! — Solche Voraussetzungen trüben das erfahrende Auge und leiten den die Erfahrungen deutenden Geist irre. — Man rühmt die von Baco, Newton, Locke u. a. m. bewirkte Verbesserung der Naturwissenschaft durch Wiederherstellung planmässiger Experimente; — und von der einen Seite mit Recht, wenn nur dadurch nicht eine der scholastischen (des Mittelalters) entgegengesetzte, gleich verderbliche Einseitigkeit entstanden wäre. — Und eben die Arbeiten der genannten Männer bestätigen selbst das vorhin Behauptete. Denn was sind z. B. die vor Newton's principia philosophiae(?!) naturae stehenden Grundsätze anders, als gewisse, planlos zusammengeraffte ewige Voraussetzungen (antecipationes a priori), welche sich zum Theil in dem Geiste und Gemüthe jedes, auch jedes unwissenschaftlichen, Menschen finden, zum Theil aber Früchte philosophischer Systeme sind? — Die Experimentatoren haben sich unwillkürlich der allgemeinen Behauptungen, welche die vorzeitlichen philosophischen Systeme ausgefunden hatten, und die ihnen wenigstens bewusstlos in ihrer ersten Erziehung angebildet worden waren, als Leitsterne bei ihren Erfahrungen bedient, und es lässt sich durch die ganze Geschichte der Naturwissenschaft beweisen, dass das Experiment überall nur so weit gereicht hat und überall nur in soweit verstanden wurde, als jene urwissenschaftlichen Voraussetzungen, und überhaupt die reingeistige Bildung der empirischen Physiker, reichten. Kepler entdeckte die Gesetze der Himmelleiber-Bewegungen, da er reingeistig Platon's und Euklides' Spur nachging und damit die wirklich gemachten astronomischen Observationen zusammenhielt, in urwesentlicher Erkenntniss.   Nun erst konnte ein Newton berechnen, was das Genie im Wesentlichen erschaut hatte.

Doch ist dies Alles nicht gesagt, um das Streben jener Männer zu tadeln, oder ihre wirklich grossen Verdienste zu verkleinern, sondern bloss, um vor der Einseitigkeit zu bewahren, welche die Möglichkeit und den Werth reingeistiger Naturerkenntniss verkennt, durch die leibsinnliche Naturwissenschaft ihr höheres Auge verdunkelt und dabei bewusstlos und unbesonnen, aber, durch einen wohlthätigen Vernunfttrieb gezwungen, ihre eigne empirische Naturbeobachtung und Wissenschaft auf Voraussetzungen gründet, welche nur

dann richtig und brauchbar sind, wenn sie im Gliedbau reingeistiger Naturwissenschaft erkannt werden. — Eben so
sehr tadelnswerth und dem Ausbau der Naturwissenschaft
nachtheilig ist die den rohen Empiristen entgegengesetzte
Einseitigkeit angeblicher Philosophen, welche den Werth und
Gehalt der empirischen Naturwissenschaft nicht einsehn, sie
nicht als einen selbständigen, wesentlichen Intheil der einen
Naturwissenschaft anerkennen und deshalb die empirischen
Naturforscher verachten und verächtlich behandeln. Doch
ist nicht zu leugnen, dass ein reingeistig die Natur Erfor-
schender, wenn er in urwesentlicher Erkenntniss die Natur
vor und über aller geist- und leibsinnlichen Erkenntniss anschaut, höher steht, als der empirische Naturforscher, ja selbst
als der philosophische Naturforscher im gewöhnlichen Sinne,
der bloss eine ewige, nicht urwesentlich begründete Erkenntniss der Natur fruchtlos erstrebt. Nur als untergeordneter Intheil der einen urwesentlichen Naturerkenntniss .
kann auch die reinleibsinnliche gedeihen; nur, wer die urwesentliche Naturanschauung hat und inbelebt, ist auch der
urgeweihte Priester der Natur, der sie allein wissenschaftlich
fragen (im Experiment) und ihre Antwort verstehen kann. —
Doch hat die zeitliche leibsinnliche Naturerkenntniss den
Eigenvorzug und Eigenwerth für den Menschen, dass sie ihm
das Eigenleben der Natur selbst, in einem ihrem Allleben
ähnlichen Theile, dem Erdleben, anschaulich macht, welches
in der Tiefe des Geistes zu schaun unmöglich. Jede Erkenntnissart aber, jeder Intheil einer Wissenschaft ist eigenwesentlich, eigenwürdig, eigenschön, nicht bloss Mittel andrer Erkenntniss. — Der Urwesenschauende, welcher den
einen Gliedbau der einganzen Naturwissenschaft auch nur urbildlich ermisst, schätzt selbst jeden einseitigen Naturforscher
und ist frei von aller Leidenschaftlichkeit.

Jeder einseitige Systematiker, er sei nun Empirist, oder
Rationalist (Idealist), ist unduldsam, wie der missumgeartete
christliche Katholicismus; bei gehöriger Macht würde er
auch wissenschaftliche Inquisitionen errichten und Scheiter-
haufen baun. Das Urgefühl seines Irrens (das Ingefühl des
Irrwahnes) erzeugt in ihm eine stille Inwuth, die er, eigen-
liebisch, nicht gegen sich selbst, sondern nach aussen, gegen
Andersdenkende, kehrt. Ein solcher spielt zwei Menschen,
Wissenschaft und Gemüth missklingen in ihm.

Anderwortliche Darstellung dieses Gegenstandes.
(Nachgeholt nach Anleitung der Hopffe'schen Nachschrift.)

Wie wenig aber die gehörige Folge der einzelnen Theile
und die soeben erwähnten Gesetze in der zeitherigen Naturwissenschaft beobachtet werden, zeigen alle druckschriftlich

vorhandne Versuche derselben.*) Man bildet die zeitliche oder empirische Naturwissenschaft, ohne zuvor die urwesentliche Erkenntniss der Natur zu Anschauung gebracht zu haben. Man hat Gesetze der Naturthätigkeiten des Naturlebens aufgestellt, ohne das zu erkennen, worin sie urwesentlich und ewig entspringen, und was diese Gesetze ihrer Wesenheit nach bestimmt. Daher können auch alle aus diesen Gesetzen abgeleiteten Resultate nicht dem Ganzen entsprechen und nur theilgültig sein.

Aber wozu ist der hier geforderte Gang der Naturwissenschaft nöthig? werden einige Naturforscher sagen, — wir haben die Gesetze der Natur bis hieher entdeckt, ohne alle urwesentliche Kenntniss des Naturalls; ja es ist vielleicht sogar der Entwickelung des Menschen zuwider, von dieser hohen Erkenntniss anzufangen. — Betrachten wir aber die ältesten Völker der Geschichte, die Hindu, Siner, Aegypter, Griechen, Römer, Kelten, so finden wir, dass sie die Natur nicht als reine erkannten, sondern immer als vereint mit dem Geiste, nicht als eigenwesentlich, sondern als dem Geiste durchaus ähnlichwesentlich (ahmwesentlich). Man legte sogar Bergen, Flüssen, Pflanzen, Bäumen, Thieren, ja einzelnen Kräften Geistleben (eine Seele) bei, und die höher gebildeten Philosophen der Natur selbst eine Seele (Weltseele). — Einzelne Menschen und Stände von diesen Völkern mögen eine bessre Erkenntniss der Natur gehabt haben, wovon jedoch nichts Bestimmtes zu unsrer Kunde gelangt ist. —

Man betrachtete damals die Natur bloss empirisch, wie sie sich den Sinnen des Menschen darstellt, der, schon im Besitz der Sprache, die Erinnerung an seine ersten drei Lebensjahre verloren hat, wo er erst die Sinne verstehen lernte und sich seiner Eigenthätigkeit als Geist bewusst war. — Erst nach und nach merkte man, dass man die Natur auch reingeistig, und zwar auch geistsinnlich, betrachten könne. Die geistsinnige Erkenntniss ist aber an sich eben so empirisch, als die leibsinnige; denn auch sie stellt nur Eigenlebliches, All-durch-begrenztes dar. Endlich meinte man, besonders zu Zeiten der neuplatonischen und scholastischen Philosophie, man müsse die Natur bloss übersinnlich (metaphysisch, überleibsinnig und übergeistsinnig) betrachten, also reingeistig. Aber von der urwesentlichen Erkenntniss der Natur, als Intheiles des Urwesens, erwähnte man nichts, und die sie ahnten, durften es nicht wagen, sie zu lehren. — Nachher kehrte man zu der experimentirenden Methode zurück und glaubte,

---

*) Hievon kann ich im Wesentlichen mit Recht ausnehmen meine Anleitung zur Naturphilosophie, Jena 1803; obgleich diese Schrift im Ganzen sehr wenig von den Zeitgenossen beachtet worden ist. Mir genug, dass sie es verdient hätte.

sowie noch jetzt die Meisten, die urbildliche und urwesentliche Anschauung der Natur entbehren zu können, ja man
hat sogar noch gar keinen Begriff davon. Eigentlich ist aber
diese gerühmte experimentirende Methode nur die in neuer
Form dargestellte alte; denn die allgemeinen Sätze (Sprüche,
principia) die man vorher hatte, blieben der Grund und die
Regel aller Experimente; z. B.: die Natur bildet nach unver-
änderlichen Gesetzen; sie geht immer den kürzesten Weg;
ihre Gesetze sind an allen Orten dieselben; jede Erscheinung
hat ihren Grund; wo eine Ursache ausreicht, dürfen nicht
mehrere angenommen werden, um eine Erscheinung zu erklären. — Erst in den neusten Zeiten hat man, eigentlich in
Deutschland, angefangen, die geistige Naturwissenschaft (Naturphilosophie) neben der empirischen auszubilden, und beide mit
einander in Verein zu setzen; jedoch in sehr unvollkommnen
Versuchen.

In der ältern Zeit finden wir, dass Pythagoras und nach
ihm vorzüglich Platon die urwesentliche und urbildliche Erkenntniss der Natur ahnten, denn sie ahnten schon die regelmässigen Entfernungen der Himmelskörper nach den Gesetzen der sogenannten regelmässigen Körper und die Gesetzmässigkeit der himmlischen Bewegungen, indem sie sagten,
dass, wenn man ihr Brausen hören könnte, man eine Musik
der Sphären vernehmen würde. In ihrem Geiste dachten und
empfanden diejenigen neuern Physiker, welche wirklich neue
und entscheidende Erfindungen in der Naturwissenschaft
gemacht haben, z. B. Kepler, auf dessen ureigengeistige Erfindungen Newton fortbaute, der selbst in den Grundsätzen
der kirchlichen Dogmatik einigen Ersatz der urwesentlichen
Erkenntniss schöpfte. — So wie es im Mittelalter höchst gefährlich war, sich als Physiker und Mathematiker zu äussern,
so ist leider noch in Deutschland in den letzten Jahren der
ehrenvolle Name eines Naturphilosophen zum Spottnamen
geworden; so wie in jenen Zeiten die reingeistige und urwesentliche Erkenntniss dem grossen Haufen für etwas Böses,
ja Teuflisches galt, weil sie nicht vermochten, jene anzuschaun,
— so noch jetzt nicht nur bei dem unwissenschaftlichen
Volke, sondern bei Vielen, die sich der Wissenschaft rühmen.
Wer die echte Naturwissenschaft in ihrem urwesentlichen
Grunde offen lehrte, den würde man für einen Schwärmer
halten, ihn strafen, ja wohl, wie dergleichen geschehen ist,
kreuzigen und tödten. — Aber, — könnte man einwenden —
da das Urwesentliche gut ist, so sollte es doch den Menschen
am meisten und sogleich einleuchten! — So ist es auch! Aber
es stehn demselben Vorurtheile und Leidenschaften entgegen;
und eben, weil das Volk, und insbesondre Jeder durch das Anschaun des Urwesentlichen bei seinen Leidenschaften ange-

griffen wird, — entsteht Unwille und Hass. — Dennoch ist
es möglich, Jedem die Urerkenntniss beizubringen, er muss
nur eben so gestimmt sein, als der, welcher sie mittheilt. —
Wenn nun, diese Lehre dem Volke mitzutheilen, so gefährlich
ist, so wäre es, wie es scheint, besser, ganz davon zu schwei-
gen? — Allerdings, — und nur in dem Falle, wenn man
sich urwesentlich dazu berufen fühlt, muss man es thun, auch
wenn für den, welcher so lehrt, das Schlimmste daraus entstehn würde. Sonst aber behalte Jeder diese Wahrheiten in
seinem Innersten. —

Alle Naturgesetze, welche Kepler, Newton, Galilei und
Andre bloss in der Ahnung urwesentlicher Erkenntniss aufgestellt haben, z. B. über Schwere, Licht, Farben u. s. w.,
welche allgemeine Naturgesetze ohne allen Erweis der Allgemeinheit genannt werden, erscheinen bei urwesentlicher Betrachtung nur als theilgültig. So: das Licht geht nach gerader
Richtung, wird von erhabnen Gläsern auseinandergebrochen
u. s. w. Dieses Gesetz ist nicht wirklich allgemein, weil das
Licht, das ein inheller Mensch sieht, gerade umgekehrt sich
verhält und z. B. von erhabnen Gläsern zusammengebrochen
wird. Hätte man aber die urwesentliche und in ihr die urbildliche Erkenntniss der Natur ausgebildet, so würde sich
auch alles Irrige und Voreilige der seitherigen empirischen
Dämmeransichten aufhellen lassen, und im Anschaun der
wirklich allgemeinen Gesetze würde sich die Wesenheit und der
Geltungskreis aller untergeordneten bestimmen lassen. —
Dann würde man sogar prophezeien können, welches der
künftige Bildungsgang der Erde sein werde, ja sogar noch
höherer Ganze des Himmelsbaues. Freilich wäre hiezu der
gesetzbauliche Allverein der urwesentlichen, urbildlichen und
zeitleblichen Naturerkenntniss nöthig. Eine Forderung, welche
soeben noch nicht befriedigend erfüllt, aber doch aufgestellt
werden kann. — Dann würde man z. B. bestimmen können,
warum die Erde einen Mond, die Venus keinen, andre Planeten aber mehrere Monde haben; warum den Saturnus ein
Ring umgiebt, und nach welchen Gesetzen die kleinen Planeten
leben. Dann müsste man aber auch eine Kenntniss von der Erde
haben, nicht so, wie sie in den gewöhnlichen Lehrbüchern
enthalten ist, sondern eine wahrhaft wissenschaftliche, worin
bisher nur erst sehr schwache Versuche gemacht worden
sind. Dann würde sich entscheiden lassen: wie unsre Erde
entstanden, welches Alter sie jetzt habe, und wie ihr Leben
sich weiter bilden werde. Dies wäre keine übermenschliche
Prophetengabe, sondern ein reines Werk der Vernunft.

Sogar bei dem gemeinsten Manne lässt sich eine, wenn
schon meist bewusstseinlose Ahnung der urwesentlichen und
urbildlichen Naturerkenntniss nachweisen. Jeder Mensch, der

gebildetste so wie der roheste, der Europäer und der Neu-
seeländer, der Erwachsne und das Kind, sind bestimmt über-
zeugt, dass die Sonne diesen Abend unter und am nächsten
Morgen wieder aufgehen werde. Diese Sicherheit in der
Vorausetzung kann aus der seitherigen Erfahrung geistig
nicht erklärt werden, sondern vielmehr aus der stillschwei-
genden Voraussetzung (Antecipation a priori), dass hier ein
gleichbleibendes Gesetz der Natur, in Folge ihrer Allgesetz-
lichkeit, stattfinde. Eine ähnliche Ahnung spricht Locke in
seinen angebornen Grundsätzen (innate principles) aus, ob er
sich gleich mit seinem Gesagten in einer niedern Sphäre befindet, als die der urwesentlichen und rein urbildlichen Erkenntniss ist.

Völlig Unrecht haben zwar sonach die Empiriker, wenn
sie, ohne Beweis, selbst die Möglichkeit ewiger und urwesentlicher Naturwissenschaft (Naturphilosophie) leugnen: allein die
Naturphilosophen dagegen eben so Unrecht, wenn sie, ohne
Beweis, jene Möglichkeit behaupten und diese nur durch die
Ausführung beweisen wollen, die doch bis jetzt so wenig ge-
lungen ist und so wenig hat gelingen können, da jene Philosophen die Naturphilosophie nicht als Ingliedtheil der Urwissenschaft, sondern ohne urwissenschaftliche Begründung,
mithin unbesonnen, begonnen und mit phantastischer Willkür auszubaun unternommen haben.

Ehe wir die einzelnen Theile der Naturwissenschaft anschaun, ist noch zu bemerken, dass über die Möglichkeit der
urwesentlichen, ewigen, geistsinnlichen und geistzeitewigen,
überhaupt der ganzen reingeistigen Naturwissenschaft auf
dem Gebiete reiner leibsinnlicher Beobachtung nicht entschieden
werden kann; weil letztere, wie gezeigt, selbst auf ewigen und
urwesentlichen Voraussetzungen ihrer Möglichkeit nach beruht. Nur in der Urwissenschaft selbst kann hierüber anschaulich und urgrundlich entschieden werden. Doch können
wir hier das Urbild eines jeden dieser Theile, wenigstens als
Ahnung und als Aufgabe urwesentlicher Forschung, aufstellen.

Menschliche urwesentliche Erkenntniss des Leiballs.

Die urwesentliche Erkenntniss des Leiballs schaut die
Natur an als urwesentlichen, urganzen, eigenwesentlichen,
selbständigen und mit dem Urwesen und dem Geistall leben-
vereinten Intheil des Urwesens; als ein Urganzes ihrer Art,
über und vor Zeit und Raum und jeglicher einzelnen Thätigkeit, über allen ihren Intheilen, ja selbst über ihrem eignen
Inleben, und erkennt urwesentlich ihren innern Gliedbau.
Sie gelangt zu dem Gegensatze des Ewigen und Zeitleblichen
in der Natur, und dann schliessen sich als zwei in der urwesentlichen Naturwissenschaft entgegengesetzte Intheile an

die reinurwesentliche Naturwissenschaft: die ewige und die
geistsinnliche Naturerkenntniss.

Dass der Mensch urwesentlich erkennen könne, das
haben wir gezeigt. — Dass die Natur selbst urwesentlich
in ihrer Art sei, und dass sie ewig und zeitlich und zeitewig
und urzeitewig sich bilde und also erscheine, und nach welchen
Gesetzen: dies kann nur in der Wissenschaft von dem Urwesen gelehrt werden, wo sowohl Naturwesen, als Geistwesen,
als Intheile vorkommen und sich aus erster Erkenntniss,
oder vielmehr in ihr erklären, weil sie in ihr nach innen sind,
wurzeln und wachsen, nicht etwa nach aussen.

Menschliche ewige Naturerkenntniss oder Leiball-wissenschaft.

Die ewige Naturwissenschaft erkennt in der urwesentlichen Naturanschauung die Natur in ihrem Ewigwesentlichen,
im Gegensatze mit ihr selbst, als Zeitleblichem (als Indivi-
duellem). Mithin das reinewige Wesen der Natur; ihrem
Zeitleben gegenüber; aber auch das Ewige im Zeitleblichen,
das ist, die Natur als ein gesetzmässiges Lebenganzes. In
dieser Wissenschaft z. B. müsste erkannt werden, welches die
höchsten Theilganzen in der Natur, was und warum Sonnen-
baue, Sonnbaue, Erden mit all ihrem Inleben und der
ganze Gliedbau der Lebensgesetze der Natur. Ja, wäre diese
Wissenschaft vollendet, so müsste sie die Geschichte jeder
einzelnen Erde vorbildlich in ihrer eignen Gesetzmässigkeit
darlegen.

Das Ewige, Urbildliche der Natur stellt sich uns auch
im Zeitlichen dar: in jedem Stein, in jeder Pflanze, in jedem
Thiere erkennen wir das Ewige. Die Gesetze, wonach alles
Zeitliche in der Natur sich bildet, sind ewig; selbst die Materie
oder Substanz, das ist die ewige Natur selbst, sofern sie ihr
eigner Gegenstand (Object ihrer Thätigkeit) ist, ist ewig, und
in aller Zeit, in allem Gestaltwechsel, bleibend. — Ja selbst
in der Gestaltung, in der Begrenzung des Stoffes und der
Thätigkeiten, spiegelt sich das Ewige und das Urwesentliche.
Die Bahn der Himmelskörper um die Sonne ist eine Ellipse,
welche ein vollwesentlicheres Bild des Urwesens ist, als Kreis,
Parabel und Hyperbel. Denn sie ist ein in sich geschlossnes
Ganzes, gesetzfolglich und gleichmittig (eurhythmisch und symmetrisch), einheitlich und mannigfaltig, nach einem, aber gesetzmässig verschiednen Gesetze gekrümmt. Auf ähnliche,
eigenbestimmte, urmannigfaltige Weise deuten alle Gestalten
und Bewegungen der vororganischen und der organischen
Leiber als treue Sinnbilder auf das Ewige und Urwesentliche.
So die Form der Erde, die eine Abkugel ist, eilich gestaltet,
an dem Nordpole wahrscheinlich etwas mehr, an dem Südpol

etwas weniger gedrückt, also eirundlich gestaltet. So die Gestalt jedes Blattes, jedes Thieres, jedes Gliedes an jedem Thiere. Allgestaltig aber der Menschenleib, in welchem alle Verhältnisse und Gestalten harmonisch vereint leben. Dadurch, dass alle endlichen Naturwesen sich als ein Einganzes zeigen, stellen sie das Urwesen dar, als Urwesen. Indem sie gleichmittig geintheilt sind, zeigen sie hin auf die Urintheilung des Urwesens, des Geistwesens und des Leibwesens. — Diese symbolische Andeutung des Urwesentlichen und Ewigen steigt, nach der Stufe des Lebens, von den einfachsten Pflanzen und Thieren stetig bis zu dem Menschenleibe. — Im Reiche des Organischen herrscht die Eilinie, welche zunächst aus dem Kreise, der Ellipse, der Parabel und der Hyperbel entspringt.*)

So haben wir gefunden, dass sich im Zeitlichen das Ewige und in beiden das Urwesentliche der Natur darstellt. Bei solchen Betrachtungen werden alle zeitherige Annahmen von Atomen, einzelnen Kräften (qualitatibus et viribus occultis) wegfallen; nebst allen niedrigen und missgemeinen Ansichten der Natur von der Todtheit des Stoffes, der Materie, ihrer Niedrigkeit, Schlechtheit, dass der Leib nur ein Kerker, nur eine hindernde Fessel für den Geist, dass diese Erde ein Auswurf („Excrement") der Schöpfung sei, u. s. w. — Wer dagegen jener Allansicht der Natur im Urwesen ermangelt, dess Naturansicht wird stets einseitig und theilirrig bleiben. — Wird ihm die echte Lehre ohne Weihe und Vorbereitung angeboten, so erzürnt er sich, stösst sie von sich und schmäht ihren Verkündiger. Nur, wer urwesentlich und urbildlich schaut, ist zum Priester der Natur und zum Verkündiger ihres Wesens und Lebens geweiht. Im Lichte der Wahrheit überschaut er auch das Meer der Irrsale und der Klippen des Wahnes und begreift den Grund und die Erlösung von den Irrthümern derer, die seine höhere Erkenntniss kaum ahnen, oder für unmöglich erklären.

Dann erst, in der gliedbaulichen Vereinbildung der urwesentlichen, urbildlichen und zeitleblichen Naturerkenntniss (der intellektualen, idealen und realen oder empirischen Physik), wird anschaubar, was schön ist in der Natur, mit natürlicher Eigenschöne. Dies aber ist Alles in dem Allleben der Natur, was in seiner Eigenleblichkeit das Urwesen selbst in sich fasst und auf endliche Weise ausdrückt (ausgestaltet).

Menschliche zeitlebliche Leiballwissenschaft.

Die zeitlebliche Naturwissenschaft dagegen muss die Natur als zeitlebliche in ihrem Zeitleblichen erkennen. Hier

---

*) Dieses Entstehen der Ovale habe ich selbst gefunden. Kein Mathematiker vor mir ist, soviel ich weiss, darauf gefallen.

ist nun zuerst die Frage, ob der Geist, wenn er rein in sich
selbst lebte und ohne alle leibsinnliche Naturanschauung wäre,
sich in seinen eignen Tiefen eine Welt gestalten könnte,
welche dem Zeitleben der Natur, der Art und dem Gesetze
nach, entspräche. In unserm jetzigen menschlichen Geist-
zustande nehmen wir wahr, dass dies wirklich geschieht; ja,
wenn dieses nicht möglich wäre, so könnte das gemeinste, so
wie das höchste Naturkunstgeschäft, das des Töpfers so wenig,
als das des Malers, vollführt werden; ja so könnten wir das
Eigenlebliche, welches die Natur in unsre Leibsinne malt,
nicht einmal geistsinnlich nachbilden, also auch nicht erkennen. Ob wir also gleich an dieser Stelle nicht darüber
entscheiden können, ob reine Geister sind und leben, und ob
nicht wenigstens für alle Geister der reine und der menschliche Zustand zeitkreislich (periodisch) abwechselt; so ist dennoch durch die Erfahrung die Möglichkeit einer reingeist-
sinnlichen Gestaltung, welche den äussern Naturgestaltungen
im Allgemeinwesentlichen und dem Bildungsgesetze nach vollkommen entsprechen, übrig gelassen. Denn, wenn auch die
Natur durch ihre leibsinnliche Mittheilung uns als Menschen
dazu veranlasst, sie innerlich geistkraftlich in ihrem Eigenleben nachzubilden, so kann dies doch nur mit einer Kraft
geschehen, die dem Geiste als solchem inwohnt und nicht
von aussen, weder durch die Natur, noch sonstwo nebenher
(wo nicht durch das Urwesen?) in ihn gebracht werden kann.
— Doch ist hier wohl zu beachten, dass diese der bildenden
Natur entsprechende geistsinnliche Welt dennoch nach dem
Gesetze der geistigen Freiheit geschaffen werde, welche sich
also selbst mit Freiheit nach dem Naturlebensgesetze richtet.
So schafft die Natur Alles auf einmal, der Geist Alles, auch
alles Naturgemässe, einzeln nach der Idee; die Natur Alles
von innen, der Geist auch die reine Gestalt von aussen u. s. w.

Vermag aber auch der Geist in seinen eignen Tiefen
eine der zeitleblichen Schöpfung der Natur selbst ähnliche
Leiblebenwelt zu bilden, so vermag er doch nie, aus eigner
Kraft in die wirkliche Naturlebeneigenheit zu schaun. Nie
wird er geistsinnlich das Firmament traumbilden, so wie es
ihm in seinem Leibauge die Natur vertraut; nie dies
Erdleben gerade in seiner Urfülle und Eigenbestimmtheit, wie
die Natur es ihm in seinen Leibsinnen entgegenstrahlt, als ein
Räthselbild, welches er so tief erfasse, so richtig und so
schön ausdeute, als es die Innigkeit seines Geistlebens gestattet. — Um so höhern Werth hat ausserdem die leibsinnliche
Naturerkenntniss jetzt für uns Menschen dieser Erde darum,
weil sie bis jetzt allein auch unsre geistige Lebensmittheilung
vermittelt.

In unserm jetzigen Leben kommt die leibsinnliche Er-

kenntniss der Natur nie ohne die geistsinnliche und diese
nicht ohne jene vor, sondern die leibsinnliche kann sowohl
wachend als träumend nachgebildet (reproducirt) und die geistsinnliche kann wachend und träumend wirklich in der Natur
in Kunstwerken dargestellt werden. Die geistsinnliche und die
leibsinnliche Naturerkenntniss aber, gleichförmig vereingebildet,
sind die höchste und vollständige sinnliche Naturerkenntniss.

In urwesentlicher Erkenntniss schaun wir die Nothwendigkeit höchster und untergeordneter Naturleiber (Himmelskörper, Sterne), ihren ewigen Gliedbau und ihre ewig-
gesetzliche Lebensgestaltung vom Keime bis zum Tode, also
auch das Leben jeder einzelnen Erde im Allgemeinen. In
leibsinnlicher und geistsinnlicher Erkenntniss aber schaun
wir bis jetzt nur das Leben dieser Erde; — vielleicht aber
auch einst höhere Sternlebenganze, nicht mehr bloss in dem
Kleinbilde funkelnder Punkte!

Aber die eine Naturwissenschaft ist erst dann allerfüllt,
allvollwesentlich, wenn das vierte Glied, die zeitewige
Naturwissenschaft, ihren Kreis schliesst.

Menschliche zeitewige und urzeitewige Natur-
wissenschaft.

Das Zeitleben der Natur stellt in allen ihren Einzel-
ganzen und einzelnen Bildungen, in Pflanzen, Thieren, ja sogar in festen Leibern, das Urwesentliche, als Schönes und
das Ewige als Gesetzmässiges dar. Ist nur in einem Geiste
urwesentliche, ewige und zeitlebliche Naturwissenschaft da,
so vergleicht er damit, vermöge der urwesentlichen Naturanschauung, seine ewige Naturanschauung und hält diese zusammen mit dem Naturlebenbild, welches ihm die geistleib-
sinnliche Naturanschauung vorhält, und beurtheilt von der
einen Seite, wie weit das sich ihm wirklich darstellende
Leben des ihm offenbaren Lebensganzen, des Erdlebens, Sonn-
baulebens, Sonnenbaulebens u. s. w., in seiner Entfaltung gekommen, dies ist, in welchem Alter es stehe, und in wie weit
es seinem ewigen Urbilde entspreche. Daraus ist auch die
Möglichkeit gegeben, das Mangelhafte und Kranke des wirklichen Naturlebens zu erkennen, die Heilkräfte und die Kräfte
höherer Ausbildung zu finden, den Plan der geistleiblichen,
das ist menschlichen, Naturheilung und Ausbildung zu entwerfen, und zugleich das Geistleben dem reinen Naturleben
allseitig, in einem Kunst-All-Leben (in schöner und inniger
und schöninniger, in nützlicher und in freier Kunst) zu vermählen.

Diese Erkenntniss ist die höchste, vollwesentliche Erkenntniss der Natur, welcher die Menschheit fähig ist, denn

sie setzt alle andern voraus, weil sie durch das Inwechsel-
wirken der drei erstern entsteht, also auch als eine neue,
von jeder einzelnen verschiedne Erkenntniss zu betrachten
ist. In der urwesentlichen Naturerkenntniss schaun wir die
Urweseneinheit der Natur und ihr Sein und Lebensverhältniss
zum Urwesen und Geistwesen, in der ewigen den Gesetzgliedbau der Natur, in der zeitleblichen das Eigengebilde nach
diesem Gesetzgliedbau, welches dieses Erdleben ist im Allleben der Natur; die zeitewige erkennt, wie sich dies Erd-
Eigenleben zu jenem Gesetzgliedbau und zur urganzen Natur
verhalte, worin es diesen gemäss, oder ungemäss ist, wie es
in Zukunft nach reinen Naturgesetzen sich weiter gestalten
werde und durch Geistwesenfreiheit eigenschön ausgebildet
werden könne und solle.

Wäre diese Wissenschaft vollendet, so müssten wir wissen,
welche Stelle und Würde dieses Erdnaturleben im Ganzen
dieses Sonnenbaues hat, wie alt die Erde ist, wie lange sie noch
leben, wie sie sich noch neugestalten werde, was nach Naturgesetzen das Menschgeistheitleben vermöge, um dieses Erdleben
selbst naturgesetzlich zu fördern und zu erhöhen, und es zugleich geistkunstlich zu verherrlichen.

Wie wenig auch immer bis jetzt auf dieser Erde geleistet
sein möge, dies Ganzurbild der Naturwissenschaft auszuführen,
so müssen wir uns doch vor dem besinnungslosen Frevel hüten,
über die Zukunft verneinend abzusprechen. Wie erweitert
sich der Gesichtskreis der Naturwissenschaft dem, der die
erwiesenen Thatsachen des sogenannten thierischen Magnetismus bedenkt und in den Naturahnungen aller Art den
einen urganzen Lebenbau der Natur anerkennt. Wie Vieles
haben, im Verhalt des frühern langsamen Wachsthumes, die
letzten beiden Jahrhunderte im Gebiete der Naturwissenschaft
gelehrt! Sollte nicht dieses Wachsthum wachsen? — Ist es
auch, jene Aufgaben zu lösen, vielleicht für diesen Erdlebenskreis
zum Theil unmöglich, so ist es doch wesentlich, sie zu machen.
Vor dem Beweis der Unmöglichkeit ist nicht abzusprechen,
und was hier nicht ist, kann auf andern Himmelskörpern
schon sein; was jetzt nicht ist, kann in Zukunft werden.

Auf diese Art die Natur betrachtet, gewinnt die Naturwissenschaft an Tiefe und Ausbreitung, es kommt Harmonie
in dieselbe; Eins dient darin dem Andern, und Jedes ist in
sich selbst wesentlich; keine einzelne Erkenntnissart erscheint darin niedrig oder schlecht, sondern alle in bestimmter
Stufe gleich wesentlich. Bis jetzt hat weder ein empirischer
Naturwissenschafter, noch ein Naturphilosoph die Naturwissenschaft von diesem Standort aus und nach diesem Glied-
baurisse gebildet.

Menschliche Erkenntniss des Geistleiballs.

Wäre das Geistall und das Leiball getrennt, alleinselb-
ständig, so gäbe es in der Wissenschaft von dem Urwesen
nur zwei alleinselbständige Wissenschaften, die Geistwesenlehre
(Vernunftwissenschaft) und die Leibwesenlehre (Naturwissenschaft). Allein beide sind wechsellebenvereint, mithin ist
auch eine Wissenschaft von dem Wechselvereine des Leiballs
und des Geistalls (der Natur und der Vernunft). Nennen
wir nun das Geistall und das Leiball, sofern sie lebenvereint sind (sich wechsellebend durchdringen), das Wechselgeist-
leiball, Wechselgeistleibvereinwesen, Geistleibwechselverein-
wesen, oder kürzer das Geistleiball (oder die Vernunftnatur, [welcher Name jedoch aus den S. 53 angegebnen Gründen
nicht genügt]), so heisst die Wissenschaft, deren Urbild uns
zunächst beschäftigen soll, vollwesentlich: die Geistleibwechsel-
vereinalllehre.*)

Dem allgemeinen Begriffe nach haben wir den Gegenstand unsrer Betrachtung aufgestellt, es ist aber zunächst
zu untersuchen, ob dieser Gegenstand sei, oder besser: ob
wir ihn anschaun, ob unter den Erscheinungen unsres Lebens
solche sich vorfinden, welche hieher gehören.

Gerade dieser Gegenstand, das Geistleibwesen, ist bisher
am wenigsten wissenschaftlich bearbeitet worden, weil er
voraussetzt, dass Geistwesen und Naturwesen schon hinläng-
lich erkannt sein müssen, und dann auch, dass beide mit einander vereint sein müssen. Soll dieser Gegenstand gehörig
gewürdigt werden, so muss Geistwesen und Leibwesen, beides
als gleich wesentlich erkannt werden, nicht so, wie zeither,
eines niedriger oder geringer, als das andre.

Da wir uns hier nicht im Ausbau der Wissenschaft
selbst befinden, sondern den Urbaugrundriss der Wissenschaft nur vom Lebenskreise der Erfahrung aus ahnbilden,
so müssen wir uns vorzüglich hüten, die Begrenztheit unsres
gegenwärtigen Gesichtskreises auf die Sache selbst und deren
Anschaubarkeit überhaupt überzutragen. Wir betreten ein
räthselvolles Gebiet, was noch wenig wissenschaftlich bearbeitet worden ist, aber in den Systemen des Aberglaubens
ausgebildet genug erscheint; und worin sich in der Erfahrung der Völker aller Länder, Zeiten und Bildungstufen reiche
Ahnungen finden. Viele dieser Urahnungen sind vielfach

---

*) Viele werden bei so langen Wörtern erschrecken. Die indische
uralte Philosophie hat deren viele und noch längere. So ein dem Voll-
wesentlichen entsprechendes Wort hat indess für die Wissenschaft
Wesenwerth. Ohne solche Wortbildung ist Weitschweifigkeit, oder:
Undeutlichkeit und Unbestimmtheit unvermeidlich. Solche Wörter müssen
langsam, schöntonig ausgesprochen werden, wie die Hindus sagen, mit
tiefdenkender Ernstschönlautigkeit.

irre gedeutet worden, die Ahnung ging in Wahn, nicht in
Wahrheit über. Doch jeder Aberglaube ruht auf einer Wahr-
heitahnung, welche geachtet und, wo möglich, in Wissenschaft verwandelt werden muss. Der Inhalt keiner Ahnung
darf geleugnet werden, bevor dessen Unmöglichkeit erwiesen
worden. Aber der Inhalt derselben kann auch, als Ahnung,
nicht als Intheil, in die Wissenschaft aufgenommen werden;
ja nicht einmal als wesenmöglich kann der Gehalt einer
Ahnung in die Wissenschaft aufgenommen werden, sondern
bloss als Aufgabe des Erkennens, als erkenn-möglich. Denn
unter allen sich ausschliessenden Fällen ist nur einer der
wesentliche (wahre), die andern sind wesenunmöglich, sollten
also auch nicht mögliche und denkbare Fälle heissen. Ob
in dem Gehalt der Ahnungen nicht viereckte Kreise, oder
Quadratur des Kreises in Zahlen enthalten sind? — Auch dies
darf nicht beweislos angenommen, sondern es muss geprüft
werden. — Auch bei diesem Gegenstande müssen wir über
uns wachen, dass wir nicht das Oft- und All-Erfahrene deshalb weniger wichtig finden, weniger beachten, wohl gar verachten; dagegen das Neuerfahrene und Geahnte deshalb
anstaunen, bewundern, fürchten, für wichtiger achten. Sondern
jene urwesentliche Geistesruhe und Gemüthsstille, in welcher der
Urweseninnige und Urwesenschauende urkräftig lebt, werde
in uns, indem wir in die Tiefen des Geistleiballs ahnschaun!
Diese Urgemüthsstille, diese göttliche Stimmung des Gemüthes,
welche ohne Furcht und Hoffnung (nämlich ohne Furcht und
Hoffnung im gemeinbeschränkten Sinne!) das Wahre erforscht,
ist selten unter den Menschen. Das Gewöhnliche finden sie
unbedeutend, weil sie nach dem Allgesetze der Trägheit sich
an ihre eigne Unwissenheit gewöhnt, ihre eigne Trägheit ertragen gelernt haben. Das Ungewöhnliche staunen sie stumpf-
sinnig an, oft mit Unwillen, ja Zorn, wenn es ihre zeitherige
Denk- und Lebensweise stört; z. B., wenn es mehr als sonst
regnet, friert, wenn Berge einstürzen. Sie haben verlernt,
andrer Wesen Selbständigkeit im Wechselleben mit denselben
zu tragen! — Jene Urwesenstille des Geistes, vereint mit ur-
weseninniger Besonnenheit, bewahrt vor Aberglauben und
vor Unglauben; sie ahnt kindlich, forscht männlich, weiss
urwesentlich. —

Wir wollen daher in unserm Gemeinlebenskreise zer-
streute Ahnungen über den Lebenverein des Naturalls und
des Geistalls aufsuchen und über sie den ganzen Menschen,
unser Ganzgefühl, befragen; dabei das wirklich Erfahrene streng
von dem bloss Geahnten absondern. Von der Ahnung einzelner Dinge wollen wir uns erheben zu der Ahnung des
Ganzen (wollen wir aufahnen zum Ganzen). — Wir selbst als
Menschen sind Vereinwesen des Geistes und des Leibes; die Geist-

kraft und Leibkraft wirken in uns aufeinander wechselseits. Die Sphäre des Vereines von Natur und Vernunft erscheint uns vorzüglich im Menschen, als Verein von Geist und Leib. Allein ist sie an sich darauf beschränkt? — Wir wollen zuerst auf die Thiere merken. Fragen wir über sie die Systematiker, z. B. Cartesianer, Fichteaner, Brahmanen u. s. w., so entscheidet Jeder von ihnen zuvörderst nicht als ganzer Mensch, sondern nach seinem Systeme, wonach der Eine die Thiere für blosse Maschinen, ohne Empfindung, der Andre für menschenähnliche Wesen erklärt. Der gemeine — nicht der missgemeine — Menschenverstand schreibt den Thieren menschenähnliche Eigenschaften zu, — er betrachtet sie als naturgeistig, und zwar unwillkürlich, wie alle Sprachen und die allgewöhnliche Behandlung der Thiere bezeugen. Martert man ein Thier, so bleibt der innre Vorwurf, Reue und das Gefühl des Mitleides nicht aus. Einseitige Systematiker halten dies für Schwäche, welche auf dem angeblich philosophischen Standorte verschwinde. — Allerdings darf man einseitige Gefühle nicht ohne Prüfung für ausgemachte Wahrheit annehmen, aber auch die in ihnen sich aufdringende Ahnung nicht unbedingt verwerfen. — Diejenigen, die aus einseitigen, systematischen Ansichten ihre Ahnungen, ohne ihr Ganzgefühl zu achten, beseitigen, fühlen wohl den innern Widerstreit; und eben deshalb streiten sie auch so empfindlich und missgemein für ihre Meinung.

Die Stimme des ganzen Menschen, vorzüglich das die Thiere als empfindende Wesen anerkennende Urgefühl des Gemüthes, ist mehr zu beachten, als die hartnäckige Behauptung einseitiger, unerwiesner und gebrechlicher Systeme, mit denen das Ingefühl und das Leben ihrer Urheber selbst in einem nicht unerfreulichen Widerstreite steht.*) Cartesius ist mehr und eher als Mensch, denn als Schöpfer eines sogenannten Systemes. Der Mensch fasst ganz - gemüthlich (mit ganzem Gemüth) auf, ehe er klar weiss; und die Ahnung geht der lichten Erkenntniss voran. Allein wir müssen uns auch hier hüten, irgend etwas anzunehmen ohne Erweis, und zu verwerfen, ohne Erweis der Unmöglichkeit. Die Thiere sind die wesentlichen Gesellschafter des Menschen und in die Entfaltung des Menschheitlebens und in die Allmenschheitlebensführung inniger verflochten, als man gewöhnlich erkennt. Die Ansicht derselben hat unvermeid-

---

*) Vergebens sucht z. B. Fichte diesen Widerstreit in einer Person, diese Misshelligkeit des ganzen und des wissenschaftlichen Menschen dadurch zu entkräften, dass er zwei verschiedne Standorte annimmt, einen gemeinen und einen philosophischen, worauf man sich beliebig hin und her stellen kann. Der harmonische Mensch hat einen Standort, wonach ihm Alles als harmonisch erscheint.

lichen Einfluss auf ihre Behandlung. Wer in ihnen empfin-
dungslose Maschinen sieht, wird kalt bei ihren Leiden bleiben,
sie unbedingt quälen, sobald er nur davon irgend einen Nutzen
für sich selbst erblickt; er wird überhaupt den Thieren keine
Rechte und sich selbst in Ansehung ihrer keine Pflichten zu-
erkennen. Wer dagegen in ihnen verständige und empfindende
Wesen von niedrer Stufe, doch in stetiger Gliedbildung vom
Menschen abwärts, erblickt, der wird die Thiere zartsinnig
behandeln, nicht lediglich und zuerst sie nach dem Gesetze
der Nützlichkeit für menschliche Zwecke behandeln, ob er
gleich sich selbst über ihnen, die Menschheit über der Thierheit erblickt.

Eine heilige, urweseninnige und naturinnige Ansicht und
zartsinnige, feinfühlende Behandlung der Thiere herrscht in
dem Systeme der hinduischen Brahma-Weisheit*). In diesem
werden die Thiere, ja sogar die Pflanzen, also die ganze
organische Erdschöpfung, als ein eigenlebliches Wesen, als
eine Geschwisterfamilie anerkannt und behandelt. Sie lehrte
sogar, dass die Menschenseelen, welche dieser ihrer Hochstufe
nicht würdig gelebt, in niedre Thierstufen so lange ver-
setzt werden, bis sie in diesen würdig ihr Leben geführt und
der hohen Stufe menschlichen Daseins neuwerth geworden;
— es ist ihnen leichter, in niedrer Stufe sich zu bessern,
und ihr zu genügen, als in höherer. Die Seelen der Thiere

---

*) **Anderwortliche Darstellung des Gesagten.** Die Inder betrachten nicht allein die Menschen als naturgeistig, sondern auch die
Thiere, die Pflanzen und Alles, was sich ihnen auf der Erde als körperlich darstellt. Deshalb tödten sie auch kein Thier, so schädlich es
ihnen ist, sondern suchen, es auf andre Art von sich zu entfernen.
Bei dem Verzehren der Thiere und Pflanzen, die sie zu ihrer Nahrung
gebrauchen, verrichten sie allemal Gebete; sie halten es nämlich für
beleidigend gegen die Gottheit, dass sie, obgleich ein höherer Verein
der Natur uud der Vernunft, ein ihnen dem Wesentlichen nach Gleiches
verzehren, dass das Höhere das Niedre, dieses vernichtend, zu seiner Erhal-
tung in sich nimmt. Diejenigen, die diese Ansichten aus innerm Triebe
haben und die Sache wirklich so betrachten, können nicht anders, als
eben so handeln. Viele der jetzigen Inder sehen freilich alle diese
Ceremonien für harte Auflagen und Bürden an, weil ihnen eben diese
Ansichten fehlen, die frühern hingegen mussten so handeln: sie waren
durch sich selbst gezwungen. — Ja, es zeigt sich aus den noch vorhandnen Schriften der Inder, dass sie glaubten, die Natur als ganze sei
mit dem Geistall vereint, und dieser Einverein sei in sich auf verschiedne Weise getheilt, so z. B. der Mensch, die Thiere, die Pflanzen
und alles Andre. Auf diese Weise wäre Alles unter sich verschwistert,
und es muss um so mehr eine Achtung gegen die Thiere stattfinden.
Aber nicht nur die Inder glaubten dies, sondern auch andre
Völker, z. B. die Altperser, die Aegypter, die Hebräer. Jedoch zeigt
sich bei Letztgenannten schon mehr eine Verdorbenheit und nicht die
hohe Einfalt, als bei den Indern, weshalb es auch möglich wäre, dass
dieselben älter und in der Wissenschaft früher kultivirt gewesen sind,
als die letztern beiden.

und Pflanzen sind nach dieser uralten Lehre in ihrer Art ebenso unsterblich, als die menschliche. In dieser Lehre wird auch die Einheit der Menschheit der Erde, vor ihrer Theilung in einzelne Menschen, anerkannt und die Menschheit der Erde unter dem Bilde eines grossen Menschen ausdrücklich dargestellt. Die Ansicht der altpersischen Lehre scheint mit ihrer Ur-Theilung aller Wesen in gute und böse schon eine spätere Ausdeutung der alten indischen Lehre zu sein. — Sogar in den Mosaismus sind, vermittelst der Aegypter, Spuren jener Naturinnigkeit übergegangen, in der Lehre von der Reinheit und Unreinheit der Thiere, von der Weihung des Schlachthieres und in den dabei gesprochnen Gebeten der Entschuldigung und Sühnung wegen des Mordes. Wie weit steht dagegen die Mehrzahl der Christen, die sich zu der Religion der Liebe bekennen, zurück von dieser gottnaturinnigen Erkenntniss und Behandlung der Thiere!

Die Erfahrung entscheidet hierüber freilich nicht unmittelbar, sondern bloss nach allgemeinen, ewigen und urwesentlichen Voraussetzungen, welche nur in der ewigen und urwesentlichen Wissenschaft, in dem Uranschaun des Urwesens bewiesen werden können. Wir müssen uns also hier der Entscheidung enthalten.

Betrachten wir ferner die Sphäre des Geistleiballs, welche sich im Menschheitleben und zunächst im Leben des einzelnen Menschen darbietet, so erscheint diese zwar jetzt noch, bei aller Ausdehnung und Wirksamkeit, sehr beschränkt.*) Aber wer weiss, wie weit die Wechselvereinung von Leib und Geist, ihr Wechseleinleben ineinander noch auf dieser Erde und überhaupt im Weltall sich erstrecken kann! Wer weiss, wie viel die Lebenbildkraft des einzelnen Leibes und die Lebenbildkraft der ganzen Menschheitgattung dieser Erde der Bildkraft des Geistes, und wechselseitig auch die Geistkraft der Leibkraft, noch Einfluss gestattet. Wenn der Geist will, dass ein Theil des Leibes sich bewege, so ist es eigentlich die Leibkraft, welche zunächst diesen Leibtheil bewegt; und erst mittelbar hiedurch kann ich äusserlich einen Körper (Stein u. s. w.) bewegen. Wer weiss, ob nicht in diesem Einleben eine Stufenfolge beobachtet wird, die mit den Bildungsständen der Menschheit gleichförmig Schritt hält; — ob nicht gesetzfolglich immer mehrere Stimmen dieser Geistleibharmonie eintreten, sowie Menschheit überhaupt vollleiblicher, reifer wird? — Die besonnene Denkart fordert, hierin ohne Erweis keine Grenze anzunehmen, aber auch das Nichtdasein der Grenze nicht ohne Erweis zu setzen. Vielleicht

---

*) Siehe die Darstellung dieses Gegenstandes in der Allerweckung zur Wissenschaft.

gestattet an sich, mithin auch vielleicht dereinst noch
auf dieser Erde, die Leibkraft dem Geiste noch Willens-
einfluss auf die andre Hälfte des Nervensystems und der davon abhängigen Bewegglieder, wenn die Leitung (Konductibilität)
der Nerventheilganzen vollkommner wird? — Sehen wir doch
in den lebensmagnetischen Erscheinungen schon einen Anfang
dieses höhern Vereinlebens! Vielleicht gewinnt dann auch
der Geist durch seinen Leib, oder auch ohne ihn, unmittelbaren,
oder vielmehr anderartig-mittelbaren Einfluss auf andre
Menschen, Geister und Leiber, auf Thiere, Pflanzen und auf
andre Naturkräfte. Daraus, dass ich jetzt nur durch meine
Hand und die übrigen Aussenglieder Naturdinge bewegen
kann, folgt gar nicht, dass ich dies nicht noch auf andre
Art vermag und vermögen werde. Viel zu wenig kennen
wir noch jetzt die Natur und ihre Kräfte, um hierüber grund-
urtheilen zu können. — Ueberhaupt zeigt aufmerksame Natur-
betrachtung, wie ungegründet die Annahme ist, dass in der
Natur, als stofflich betrachtet, irgend etwas fest an sich
selbst und für die Natur selbst sei. Für den Geist erscheint
es fest und unveränderlich, weil er nicht selbst die Kraft ist,
die es umzubilden vermag; beobachtet er die Natur, z. B. das
Inklingen der starren Körper, das chemische Durchdringen,
den Durchgang der Blätter bei den Mineralien u. s. w., das
Verbrennen, die magnetischen und elektrischen Wahlverwandt-
schaften, die Zeugung u. s. w., so erscheint ihm alles stofflich
Gestaltete als ein eben so freies, gesetzlich bewegliches, un-
festes Gebilde, als die Welt der Phantasie. Wer will nun
voreilig und frech aburtheilen über die höhern Naturkräfte und über die Gesetze ihrer Wirkung? — Die Natur
ist in ihrem eignen Innern Alles urgestaltend, urverändernd,
und in ihrer Sphäre rein-ur-mächtig, wie der Geist in der
seinigen. Es ist daher eben so wenig mit Voreil zu bestimmen, wie viel in Mitwirken der Allnatur, ja in Mitwirken
des Urwesens, dem Geiste in der Natur und der Natur im
Geiste, Wirksamkeit verliehen werden könne.*)

In unsre gewohnte Wirksamkeit durch den Leib verloren und unser selbst, als Leibgeist, nur unvollkommen bewusst, haben wir uns vielleicht gerade dadurch andrer Ein-

---

*) Behauptungen einer andern, als der uns jetzt gewöhnlichen
Wirksamkeit in der Natur, erregen gewöhnlich zuerst Lachen und
Spott, und dass man sagt, es sei unmöglich, weil man es noch nicht
weiss; denn man hält sich für so klug, dass es unmöglich ist, dass
etwas sei, was man nicht wisse, oder man geräth, wenn es ferner zu
leugnen unmöglich ist, in eine kindische Furcht, oder Bewunderung. —
Alle dergleichen Behauptungen sind jetzt unter dem Namen Aberglaube begriffen. Allein jedem Aberglauben liegt ein Wahres zum
Grunde, und es ist das Geschäft des Wissthumbildners (des wissenschaftlichen Menschen), den Glauben von dem Aber zu sondern.

wirkungen auf die Natur entäussert. Vielleicht fangen wir, wenn wir sterben, ein neues, freieres, anderartiges, oder gar höheres Inleben in der Natur an, wo wir nicht so an Zeit und Raum gebunden sind, sondern unsre Sinnen allerorten, unser Auge dann, oder wir selbst ohne Einzelorgan (Auge) um die Dinge herum schaun (umsehen), die ganze Erde umschaun. Vielleicht schaun wir dann bloss, ohne bewegkraftlich wirken zu können; vielleicht findet ein zeitkreisliches, gesetzfolgliches Abwechseln dieser beiden, oder auch noch andrer Zustände statt! — Vielleicht erinnern wir uns auch nach dem Tode wieder unsrer Vorzeit; wie ein magnetisch Schlafender im nächsten Schlafe die Erinnerung an den vorigen anknüpft.

Wir können hier ferner darüber nicht entscheiden, ob nicht die Allnatur selbst ihre höhere und allgemeinere, ihr selbst als ganzer, untergeordnete Lebenssphäre (die sogenannte anorganische, besser übervororganische Natur) wechselvereine mit der der erwähnten Natursphäre entsprechenden Geistsphäre (dem vor- und übergeisterlichen Geistall), welche für die Geister eben das ist, was für die Leiber die vorüberorganische Natur.

Ja es verdient, vorurtheillos geprüft zu werden, ob nicht die Allnatur als ganze, eine, mit der Allvernunft dem Geistall, durch das Urwesen als ganzes Urwesen, urwesentlich ewig und zeitewig vereint sei, wo dann die Einheit des Lebens und Geistes zum Menschen nur ein einzelnes, obwohl allvollwesentliches Inglied dieser ewigen Urwesenvereinheit des Naturalls und des Geistalls durch die alllebenvereinende Kraft des Urwesens wäre.

Ist die Idee des Urwesens wahr, sind Leiball und Geistall wirklich die beiden Theilurwesen in ihm, so müssen auch alle hier erwähnten Fragen über das Leibgeistall bejaht werden. —

Die Sagen der Völker, und die der ältesten weisheitvollsten, der Hindu, Parsen, Siner — sind voll von diesem Alllebenvereine! Und die Ahnung jedes lebenwachen Menschen stimmt dafür! Allein, wäre auch dies alles nur Ahnung — und dass sie dies sind, beweisen wir schon, davon redend — so müssen sie doch als Ahnerkenntnisse in unserm Gliedbilde der Wissenschaft erwähnt werden. Sollten auch diese Ahnungen auf dieser Erde, ja auf keiner Erde, selbst von der Allmenschheit nicht, in Lichterkennen aufgelöst werden, so erkennt doch das Urwesen ihren Inhalt in Urklarheit ewig.

Alle Schriften über diesen geheimnissvollen Gegenstand finden so in unserm Gliedbilde ihre Stelle. — Denn urvollständlich muss diese Tafel sein; hat sie die ganze Wahrheit, so hat sie auch die Wesenstelle jeder Ahnheit und Wahnheit.

Ein Intheil der Geistleiblehre ist die Menschheitlehre,
die Wissenschaft von der Menschheit. Unter diesem Worte
verstehn wir aber nicht die Gesammtheit und Eigenschaften
eines Menschen (das Menschenthum), sondern die Ureinheit
aller Menschen des Weltalls im Urwesen, deren vielleicht urviele (unendlichviele) sind. Dass ausser dieser Erde noch
Menschen leben, lässt sich freilich hier nicht behaupten, noch
beweisen, sondern nur ahnen. — Ferner wird unter Menschheit nicht die Sammeleinheit (numerus collectivus, nicht
bloss alle Menschen addirt, oder auch in sich multiplicirt)
aller einzelnen Menschen verstanden, sondern jenes ureine
Wesen, jene urwesentliche Einheit, über und vor der Trennung
in Einzelmenschen, deren eigenbestimmte Intheile (Eigenein-
zelintheile) alle einzelne Menschen sind, worin alle einzelne
Menschen sind und leben. Ist der einzelne Mensch dreifach,
das ist ein Gottgeistleib, so ist es auch die Menschheit (Urmenschheit) als Ureinheit derselben. Ein Intheil des Urwesens
als des Ganzwesens über Vernunft und Natur lebenvereint
einen Intheil der Natur als Ganzwesens über ihren Intheilen
mit einem Intheile des Geistalls als Ganzwesens über ihren
innern Theilwesen und ist das Menschheit-Gott-Geist-Leiball,
die Urmenschheit, das Urmenschwesen, worin die ewigen
Gesetze urewig sind, wonach alle einzelnen Menschen und alle
einzelnen Menschenvereine leben. Die Urmenschheit hält in
sich alle einzelnen Menschen, als Blätter gleichsam eines Baumes,
so wie sie sich auch als Geister und Leiber auf Erden wirklich erweisen. Dieser gemeinsame Ursprung, dies SammInleben
aller Menschen in der einen Urmenschheit erweist sich auch
in der Liebe und in dem Hasse; in der Liebe, die in dem
Andern das nämliche Wesentliche eigenbelebt erkennt und
achtet, als in der eignen Person; und in dem Hasse, der in
dem Andern dasselbe missgestaltete Wesentliche verachtet, als
in der eignen Person*). Die Urmenschheit umfasst aber auch
die Eigenlebeneinheit aller einzelnen Menschen des Weltalls,
also auch als Intheil die aller Erd-Menschen. Ist auch diese
Einheit auf dieser Erde noch sehr unvollwesentlich, mangelhaft, ja theilweiss sogar wieder erloschen, so ist dennoch
diese Unvollkommenheit vorübergehend, sobald diese Erdmenschheit urerkraftet, und selbst wenn sie nicht zu der
Volllebeneinheit sich erheben sollte, so ist diese Menschheit
vielleicht ein einzelnes missrathenes Glied, gleichsam ein einzelnes missrathenes Kind der Urmenschheit (ein misslebiges
Inkind des Urmenschwesens).

---

*) Wer aber rein-menschlich liebt, der wird um so inniger die
Menschen lieben, deren Menschheitwidriges er gründlich hasst, und wird
sich nie stolz über die Unglücklichen erheben, welche ihr Menschenthum
im Leben entweihen.

Diese Anschauungen finden sich in den ältesten wissenschaftlichen Systemen der Inder, und so viel ich weiss, nur
in ihnen.*) In der europäischen Wissenschaft sind sie bis jetzt,
so viel ich weiss, noch ungehört und finden vielleicht vorzüglich
deshalb schwerer Eingang. Es mangelt bis hieher in Europa
an den Grundanschauungen, zuerst an der Uranschauung des
Wesens. In keiner mir bekannten Schrift sind diese Grund-
lehren über die Menschheit auch nur angedeutet. Vielleicht
leben dennoch jetzt Menschen, welche diese Anschauungen so
gut, oder noch inniger, als wir, ausbilden; und wir freuen
uns darüber; denn alle Urwesenerkenntniss ist nach der Stufe
ihrer Reinklarheit auch mit neidloser Gefühlswärme vereint.
Das Urwesen leuchtet uns allen mit gleicher Liebe, wenn
wir gleich inhellfähig zu ihm aufschaun. — Für das Leben
der einzelnen Menschen und aller menschlichen Gesellschaft
sind sie von höchster Wichtigkeit. Ohne über sie im Reinen
zu sein, ist keine Menschheitlebenlehre, keine Rechtslehre,
keine Menschheit und Menschenlebensgesetzlehre (Sittenlehre)
möglich. Wer sie für gegründet anerkennt, dem wird im
Leben jene allfriedliche, neidlose Ruhe zu Theil, welche alle
Menschen als Geschwister in Gott erkennt, aber auch, fest in
sich selbst begründet, sich nach eignem Urwerthe, nicht
durch Vergleichmass mit Andern beurtheilt.

In der Menschheitlehre ist wiederum die Menschenlehre
oder die Wissenschaft von einzelnen Menschen ein untergeordneter Theil; ein Intheil dieser ist wiederum die Menschen-
lebenlehre, und in dieser erst ein Intheil die Menschenlebensgesetzlehre, die man gewöhnlich Sittenlehre nennt. Hieraus
ist klar, welche tiefe und allseitige wissenschaftliche Bildung
zu der Ausbildung der Sittenlehre erforderlich ist.

Alles, was wir so eben über die Wissenschaft des Geist-
leibwesens erkannt haben, zeigt, dass auch in dieser Wissenschaft der Gegensatz und der Verein der verschiednen Erkenntnissarten stattfinde. Die ersten und höchsten Fragen
über diesen Gegenstand, die wir berührt haben, können nur
in urwesentlicher Erkenntniss entschieden werden. Es zeigt
sich also das Urbild der urwesentlichen Geistleibwesenlehre,
deren Intheile jede andern Erkenntnisse dieses Vereinwesens
sind. Aber das Urgeistleibwesen hat in sich denselben Gegensatz des Ewigen, Eigenleblichen und vereint ihn als Zeitewiges.
Und der Mensch erkennt daher auch mit ewiger Erkenntniss
das Geistleiball. Aber auch mit geschichtlicher oder zeitleblicher Erkenntniss, ob sich gleich die menschliche zeitlebliche Erkenntniss des Geistleiballs auf das Mensch-

---

*) Ich habe sie nicht dorther geschöpft und will auch aus dieser
Uebereinstimmung nichts beweisen.

heit- und Thier- und Pflanzenleben dieser Erde jetzt beschränkt. Auch ist diese Erkenntniss des Menschen eine
doppelte und vereinte, nämlich entweder eine geistsinnliche,
oder eine leibsinnliche, oder eine aus beiden gemischte. Die
zeitewige Erkenntniss aber des Geistleiballs ist die viel-
seitigste, welche den Allverein aller höhern Wissenschaft
voraussetzt. Auch ist sie dem Menschen als solchem die
nächste und wichtigste Wissenschaft, ob sie gleich nur
als ein untergeordneter, aber als der allharmonische Theil
der einen Urwissenschaft erscheint. Die Menschheitlehre insbesondre und die in ihr enthaltene Menschenlehre ist dieser
vierfachen Ausbildung in Ansehung der Erkenntnissart fähig
und empfänglich. Ja nur, wenn diese vierfache Erkenntniss
der Menschheit gebildet ist, kann erwartet werden, dass die
Menschheit dieser Erde sich selbst erkenne, urwesenstelle,
würdige, ihren Lebenplan bilde und ihr Leben schöngut in
Vollwesenheit vollende. Dass eine solche Menschheitlehre
noch nicht gebildet ist, und dass die jetzt lebenden Menschen
für dieselbe, da sie ihnen dargeboten wird, so wenige Em-
pfänglichkeit zeige, ist ein Ausdruck der Unreife ihres
Lebens. —

Wäre die Geistleiballlehre, nicht bloss die Menschheitlehre,
selbst vollendet, so müssten wir einsehen, welche Stelle dieses
Geistleibvereinleben dieser Erde im Allleben dieses Sonnbaues
einnimmt.

Für die Geistleiballlehre ist in den zeitherigen europäischen
Wissenschaftssystemen auch nicht einmal ein Name zu er-
warten, da ihre Idee in Europa neu ist, und sich die europäischen Wissenschaften nicht einmal zu der Idee des Geistalls (nicht des Geisterall, Geisterreiches allein) erhoben haben.
Der Name Pneumatophysiologie (Psychophysiologie),
oder Physikopsychologie würde einseitig und ungenügend
sein. Der Ausdruck Himmel (der erste bis siebente u. s. w.
Himmel) würde doch nur für Geistergesellschaft passen.
Die Anthropologie ist noch gar nicht wissenschaftlich ausgebildet; theilweis haben wir achtbare Versuche der sogenannten medicinischen (z. B. von Loder) und der philosophischen
(von Kant) Anthropologie. Die sogenannte medicinische,
oder vielmehr physiologische betrachtet den Leib für sich
und als vereint und angewirkt vom Geiste (als Geistleib), die
sogenannte philosophische umgekehrt den Geist für sich und
als Leibgeist.

Mit dieser Wissenschaft ist die ahnende Anschauung des
Ganzen der einen Wissenschaft in sich beschlossen und vollendet. Sie stellt eine Wissenschaft, einen Gegensatz und
eine Vereinigung innerhalb derselben dar. Einheit und Vielheit und Vieleinheit; Einheit, Zweiheit, Dreiheit, Vierheit,

Fünfheit, Sechsheit. Nur eine Wissenschaft, aber vier Ersttheile in ihr, welche sie selbst inist. Wie Vieles musste hier
schon vorausgesetzt und bloss als Ahnung und als Aufgabe
(Problem) gesetzt werden, um die Ersttheile im Urwesen, und
somit die Ersttheile in der einen Wissenschaft, anschaulich
zu machen! — Noch Mehreres müsste eben so behandelt
werden, um die Zweittheile der Wissenschaft, das ist die
Ersttheile ihrer Ersttheile, anschaulich zu machen! — Das
zu thun, wäre voreilig und eben so unthunlich, als wenn ein
Maler, ohne den Umriss scharf vollendet zu haben, die Intheile seines Gemäldes schön ausführen wollte. In diesen
Ersttheilen sind auch alle andern einzelnen Wissenschaften
enthalten, und wenn jene nur erst als Ganze wissenschaftlich
angeschaut werden, dann wird es leicht sein, dieses Gliedbild der Wissenschaft (Tafel der Wissenschaften) weiter in
das Einzelne fortzusetzen; und es lässt sich vermuthen, dass
die Theile der Theile eben so dem Gliedbaue des Ganzen ähnlich sein werden, wie jeder Ersttheil des Urwesens dem Urwesen selbst vollähnlich ist.

Noch ist zu bemerken, dass in dieser Tafel auch alle
gedenklichen Vereinwissenschaften der Ersttheile im
Urwesen enthalten sind, das ist die Vereinwissenschaft des
Urwesens mit dem Naturall, mit dem Geistall und mit dem
Geistleiball.

So ist der Gliedbau der Wissenschaft in sich selbst vollkommen und nach den ersten Urzahlen 1 bis 6 gebildet.
Wollten wir von ihnen reden, so wären viele neue Wörter und
Redeweisen erforderlich. Dies wird um so mehr nöthig werden bei dem Ausbau der Wissenschaft selbst. Nur die Inder
haben bis jetzt eine für diesen Urzweck der Mittheilung freie,
bildsame Sprache und für die Erstwesen im Urwesen schöne
Namen (siehe Oupnek'hat). Unter den europäischen Sprachen
ist nur die deutsche geschickt, diese der europäischen Kultur
neuen Uranschauungen zu bezeichnen. Die zeitherige lücken-
hafte Mischsprache (Jargon) aus lateinischen, griechischen,
französischen u. s. w. Brocken ist dazu völlig untauglich. Es ist
ein würdiges Vorhaben, die deutsche Sprache zu diesem
Hochzwecke zu reinigen und auszubilden und von ihren selbst-
geschaffenen Fesseln zu befreien!

Schon diese Ahnung des Gliedbaues der Wissenschaft
erfüllt das Gemüth mit Freude, Liebe und Ruhe, und mit
Kraftstreben, — belebt eine urweseninnige Stimmung des Ge-
müths. Der Mensch fühlt sich schon glücklich, dies nur
ahnen zu können, und wird erweckt, den Ausbau der Wissenschaft nach diesem Entwurfe zu beginnen.

Eine der Menschheit würdige Erkenntniss der einzelnen
Menschen kann nur in Gesellschaft erworben werden, in einem

wahren Menschheitvereinleben. — Ein solcher Zustand des
Wissthums ist bis jetzt nur noch in einem kleinen, unschein-
baren Keime auf dieser Erde da. — Die gelehrte Gesellschaft, die gelehrte Republik (d. i. das Wissthumwesen) sind
nur ein schattenvoller und (schattenkühler) Schimmer des
Menschheitwissens! Bis jetzt hat man eigentlich nur, was einzelne Menschen einzeln über einzelne Wissenschaften gedacht
und mitgetheilt haben, in vielen hundert Bänden von actis
gelehrten Gesellschaften u. s. w. zusammengetragen, aber noch
nicht in ein Ganzes zusammengebildet, wie es eigentlich geschehen sollte im Wissenschaftsbunde (Wissthumbunde).*)

Wir haben in dieser Betrachtung das Erstwesentliche
der einen menschlichen Wissenschaft und jedes Erstwesen-
theiles derselben in mehrfacher Erkenntniss ahnend geschaut.
Zuerst urwesentlich die ganze menschliche Wissenschaft
als Intheil des Urwesens, dann ewig, das ist, die Wissenschaft
in ihrem unzeitlich und allgemein Erstwesentlichen als Idee.
Wir haben also den Urwesenallbegriff, nicht bloss den Gemein-
und bloss zeitleblichen Allgemeinbegriff, derselben gebildet.

Da nun die Wissenschaft selbst ein einzelnes Theilwerk
des ganzen Menschheitlebens und ein einzelnes Theilwerk
jedes einzelnen Menschgeistes ist, und als ein Theil der Menschheitlehre, der Menschheitlebenlehre, auch die Lehre der Werke
der Menschheit vorkommen muss, so ist die Wissenschaft
über die Wissenschaft, das ist die Erkenntniss der Erkenntniss, ein Wesentheil der Menschheitwissenschaft. Das also,
was wir bis hieher anschauten, ist selbst ein Theil der
Wissenschaft und kann daher wissenschaftlich auch nur in
dem Allgliedbaue der ganzen Wissenschaft ausgebildet werden.

Da ferner die von uns anerkannte vierfache Erkenntniss
sich auf alles Erkennbare bezieht, so muss sie auch auf die
Wissenschaft selbst angewendet werden. Die Wissenschaft
selbst ist mithin urwesentlich, und darin ewig wesentlich (als
Idee), zeitleblich wesentlich (als geschichtlich sich entfaltendes
Ganzes) und zeitewig als ein nach ihrem Ewigwesentlichen,
inmittelst ihres Urwesentlichen zeitleblich zu bildendes Ganzes
anzuschaun, — zu erkennen, und diese vierfache Erkenntniss von der Wissenschaft ist selbst ein untergeordneter Intheil der einen Wissenschaft.

Es ist uns also noch die zeitlebliche und die zeitewige
Erkenntniss der menschlichen Wissenschaft als eines Ganzen
und ihrer Erstintheile auszubilden übrig, so weit dieser Theil
der Wissenschaft ausserhalb des Allgliedbaues der Wissenschaft selbst, alleinständig, erkannt werden kann.

---

*) Siehe meine Darzeichnung des Urbildes des Wissenschaftsbundes,
wovon ein Theil in dem Tagblatte des Menschheitlebens abgedruckt steht.

Zuvor aber noch einen Blick auf die übrigen Glieder unsres Gliedbildes, welche durch die Verschiedenheit des Erkennenden bestimmt werden!

Wir haben aus einem bestimmten Grunde das Durchdenken des entworfenen Gliedbildes der Wissenschaft in Ansehung der Eintheilung nach dem Erkennenden von dem vierten Gliede, der menschlichen Wissenschaft, begonnen. Nun ist noch die Frage, ob auch die übrigen Eintheilglieder dieses Eintheilgrundes für uns Sinn haben, und ob ihnen ein Wesentliches entspreche.

Zuerst wollen wir also untersuchen, ob dem Urwesen Wissenschaft beigelegt werden könne. Wir lassen dabei unentschieden, ob Jemand das Urwesen schon anerkenne, und setzen voraus, dass er nur die Idee desselben ahne oder ahnschaue. — Da nun das Urwesen ur, das ist ein-ganz-allwesentlich ist (unendlich, wie man bisher ungenügend sagte), so müsste ihm auch das Wissen und, gewirktnissig (absachlich) betrachtet, auch die Wissenschaft als ein in seiner Art (eigenartig) Einganzallwesentliches beigelegt werden; also ohne Schranken der Zeit, des Ortes, der Kraft und der Wesenheit; es müsste also das Urwesen ewig, alles, urkraftlich, allwesentlich (reinganzwahr) ohne allen Mangel (Unvollstand) und Irrthum wissen. Wissen — oder das Anschaun in seinem Gewirktnisse betrachtet — ist aber: ein Wesen-Dasein eines Wesens in sich selbst als in einem Wesen, ein Wesenselbinsein; es ist mithin selbst wesentlich, oder, wie man unbestimmtbildlich sagt, es ist eine Vollkommenheit. Das Wissen eines zeitleblichen Wesens wird, es wird zeitgebildet, das Wissen eines ewigen Wesens ist, ohne zu werden. Hier entsteht die Ahnung: da ich selbst erst und zuhöchst urwesentlich, und darin ewig, zeitleblich und zeitewig bin, so kann mein Wissen ebenfalls nur insofern werden, ich also auch nur insofern unwissend sein, als ich zeitlich, zeitleblich bin. Das urwesentliche und ewige Wissen kommt mir als Ur- und Ewig-Seiendem ebenfalls als ein Ur- oder auch als ein Ewig-Seiendes zu; dies Urerkennen kann ich nicht lernen, nicht erweitern, nicht bessern, nicht vervollständigen, sondern nur mein Geistauge reinklären! Das Wissen des Urwesens ist daher als ein Urseiendes, Urganzes in mir, kein Wissenmachen durch Nachdenken, kein Unwissen (keine Unwissenheit), kein Misswissen (Fehlschaun, Irrwissen, Irrwähnen, Missanschaun u. s. w.). Ferner, da jede Erkenntnissart wesentlich ist, so sind auch alle vier Erkenntnissarten als die eine Urerkenntniss dem Urwesen beizudenken; mithin urwesentliche, ewige, zeitlebliche, zeitewige Erkenntniss, jede als eigenartig einganzallwesentlich. Das Urwissen des Urwesens ist das eine Selbinnesein desselben,

das eine Selberkennen; und alles Erkennen ist Selberkennen des Urwesens. Alles Wissen aller seiner Endinwesen
ist ihm selbst durchsichtig, das Wahrwissen als Wahrwissen,
ihr Wahnwissen als Wahnwissen urverneint, nicht, wie im
endlichwissenden, irrenden Wesen als bejaht.

Da nun nur das Urwesen ist, und ausser ihm Nichts, in
ihm aber Alles, was ist; da das Urwesen alle Wesen ganzist,
oder intheilist, aber alle Endwesen Intheile des Urwesens
sind, so muss auch alle Erkenntniss, welche alle Inwesen des
Urwesens haben, also auch alle menschliche Erkenntniss, die
des einzelnen Menschen, sowie die der Allmenschheit, eigentlich als ein Selberkennen des Urwesens betrachtet werden;
doch nicht als die, womit sich das Urwesen als Urwesen selbst
erkennt, sondern womit es als Theilwesen sich selbst erkennt.
Und es muss überhaupt im Urwesen jede Art der Erkenntniss sein,

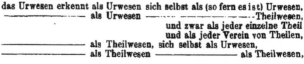

das Urwesen erkennt als Urwesen sich selbst als (so fern es ist) Urwesen,
――――――――――― als Urwesen ――――― ―――――――――-Theilwesen,
　　　　　　　　　　　　　　und zwar als jeder einzelne Theil
　　　　　　　　　　　　　　und als jeder Verein von Theilen,
――――――――――― als Theilwesen, sich selbst als Urwesen,
――――――――――― als Theilwesen ――――――――― als Theilwesen,

und so wäre die menschliche Erkenntniss diejenige Selberkenntniss des Urwesens, Gottes, womit es, sofern es dieser
eine sein Intheil, die Menschheit, ist, sich selbst erkennt, sofern es Urwesen ist.

So wie ferner wir Menschen auch unsre eigne und die
Erkenntniss andrer Menschen wieder erkennen und uns, wenn
diese Erkenntniss vollendet ist, eine gliedbauliche Wissenschaftslehre bilden, so müssen wir auch annehmen, dass das
Urwesen sein Selberkennen selberkennt. Das Urwesen erkennt also als Urwesen auch den Theil seines Selberkennens,
womit es als Menschheit, ja als einzelner Mensch, sich selbst
erkennt. Aus dieser Annahme entstehen scheinbar wider-
sprechende Behauptungen. Es weiss also das Urwesen, wie
unwissend ich und jeder Mensch, ja ganze Erdmenschheiten
sind, und wo und wie und warum wir irren, und dennoch
lässt es dies geschehen? Und ist nicht Gott in seinem Geschöpfe selbst unwissend und irrwissend? — Zuerst ist zu
bemerken, dass das Urwesen nicht als Urwesen irrt, wenn
es erkennt, dass es selbst, als seine eignen Intheile, nicht
weiss, wie es selbst als Urwesen weiss. Jedoch bleibt die
Hauptschwierigkeit dadurch dennoch ungelöst, indem ein
Ganzes, dessen Theil als solcher unvollwesentlich ist, auch
nicht urallvollkommen zu sein scheint. Dass aber die Unwissenheit der Menschen grösser ist, als die Kleinheit und Beschränktheit ihrer Kräfte, das ist, dass sie mehr wissen sollen

und können, als sie wissen, lässt sich nicht leugnen. So
scheint also aus Erfahrung erwiesen, dass, wenn ein Urwesen
wäre, es theilweis unwissend und irrend, mithin nicht Urwesen
wäre. Diese Schwierigkeit erscheint noch grösser, wenn wir
bedenken, dass das viele Menschheitwidrige und Urwesen-
unwürdige grösstentheils aus Unwissenheit, oder Irrwissenheit
entspringt, wenigstens zum Theil dadurch verursacht wird;
so erschiene mithin das Urwesen, als das Böse, Urwesen-
widrige in sich selbst seiend, es gleichsam hegend, und daher entweder unmächtig, oder unweise und ungut. Noch
grösser erscheint diese Schwierigkeit, wenn wir bedenken,
dass das Urwesen auch das Zukünftige, als solches, als klare
und ewige Wahrheit wissen musste, also auch alle künftige
Unwissenheit, Bosheit und Wesenwidrigkeit. Und dennoch
lässt dasselbe es geschehen? — Da das Böse und Wesen-
widrige wirkliche Selbverneinung, Selbtheilinvernichtung des
Urwesens ist. Aber Trost und Lösung sind in dem Gedanken,
dass die Verneinung doch nur am Endlichen
als solchem, nur in und an der Zeitgestaltung stattet;
aber alle Wesen im Urwesentlichen und Ewigen gottgleich
sind ohne Wandel und Mangel; und dass auch in dem endlichen Bösen die Wesenverneinung nicht von innen heraus,
sondern von aussen kommt — und nur so lange dauert, als
das Wesen im Aussenallangewirktsein noch nicht sein selbst
inne geworden, sein Eigenwesentliches noch nicht behaupten
kann. — Auf den Wesenkrieg folgt Friede, in allwesenge-
mässer gottinniger Vereinlebenheit. — Diese Schwierigkeit ist
für menschliche Wissenschaft eine harte Probe; daher fassten
mehrere Menschen den Gedanken einer Gottrechtfertigung
(Theodicee) in Ansehung des Bösen und des Uebels in der
Welt; aber kein zeitheriges System der Wissenschaft hat
diese Schwierigkeit gelöst.

Gesetzt aber, Jemand erkennte die Anschauung des Urwesens als die eine urgewisse, jede andre in sich fassende,
so muss er sie ohne allen Beweis aus einer andern Wahrheit annehmen, mithin auch als über jede Einwendung erhaben. Jede Schwierigkeit, die mit dem Anschaun des Urwesens zu streiten scheint, wird ihm als eine Aufgabe menschlicher Erkenntniss wichtig erscheinen, er wird über sie
nachsinnen; aber auch dann, wenn er sie nicht lösen kann,
ja sogar, wenn er einsähe, dass er sie nie werde lösen
können, auch dann wird sie ihn nicht irre machen in der
von ihm erkannten Urwahrheit. Dieses Urwissen und dies
Beruhen in ihm ist kein blinder Glaube, überhaupt kein
Glaube im gewöhnlichen Verstande, kein Gefangennehmen,
kein Verwerfen der Vernunft, sondern selbst Lebenäusserung
der Urvernunft, selbst nur das Urwissen, dass die Vernunft

7*

an sich nicht sich selbst widersprechen könne, wenn gleich
ich einzelne Punkte ihres Gebietes nicht klar und alltief
durchschaue. Die Vernunft selbst nöthigt, allen Widerspruch
innerhalb ihr selbst als blossen Schein im voraus und für
immer zu erklären. So wenig eine einzelne Wolke im Auge,
oder in dem Lufthimmel hindert, die Sonne zu schaun und
anzuerkennen, so wenig vermag etwas dem das Urwesen Schauen-
den das Anschaun und Anerkennen des Urwesens, als der Ursonne alles Erkennens und Lebens, zu verdunkeln! Wenn
sich das Bild der Sonne z. B. in den Augen der Menschen
spiegelt, oder in vielen Wassertropfen, so gewinnen beide, die
Sonne sowohl, als die ihr Bild empfangenden Wesen, keines er-
leidet dann Mangel, es ist durchaus ein Vollkommnes (ein Voll-
wesentliches). Flimmert auch das Sonnenbild auf der Welle,
ist es nicht rund, nicht vollkräftig, nicht reinfarbig mehr; so
ist es auch dann noch eine wahre, echte Offenbarung der
Lichtkraft, der Sonne und der Eigenheit der Wesen, worin
sie sich spiegelt, weil das Bild an jeder Stelle so ist, wie es
nach Beschaffenheit des ganzen Sambedingungthumes sein
kann und muss. Haltet die Sonnenstrahlen ab, und auch die
Irr- und Flimmerbilder verschwinden, und Gutes und Ungutes,
Schönes und Missgestaltiges schwinden in eine Nacht. — Er-
lösche, oder wendete sich ab das Urlicht, so könnten die
Menschen nicht einmal irren!*)

    Alle diese Gegenstände, überhaupt das menschliche Er-
kennen über das urwesentliche Selberkennen des Urwesens,
lassen sich, wenn irgend, selbst nur als Theil, als Gliedintheil
der einen menschlichen Wissenschaft, das ist als Theil der
menschlichen Erkenntniss von dem Urwesen, gründlich einsehen und als Wissenschaft gestalten.

    Aber, könnte man fragen, warum nimmst du an, warum
glaubst du, dass ein Urwesen ist? — Eben, weil es mir
meine Vernunft sagt, weil ich es weiss; und ich weiss auch,

---

    *) Es ist auf keine Weise zu befürchten, dass Jemand, der an-
nimmt, oder vielmehr anschaut, dass das Urwesen ist, und Alles in ihm,
allen Unterschied des Guten und Bösen, des Vollkommen und Unvollkommnen leugne. Vielmehr wird er fest behaupten, dass dieser Widerstreit urwesentlich begründet sei, und dass er selbst in seinem Lebenskreise aufheben solle. Wenn ihm Jemand die Schlussfolge aufstellt:
da das Böse sei, so sei das Urwesen nicht, oder vielmehr: so sei kein
Urwesen, so wird er diesen Schluss für falsch erklären und rüstig daran
gehen und mit fester Ueberzeugung, ihn durch tiefe Forschung zu wi-
derlegen. Indem er dann über das Wesentliche des Bösen und alles
Wesenwidrigen nachdenkt, indem er einsieht, worin es besteht, wie es
entsteht, wodurch es veranlasst, befördert, erhalten, geschwächt, ge-
hemmt, aufgehoben, verhütet wird, lernt er das Böse innig verabscheuen
und gewinnt in der Kunst, es zu meiden, zu heilen, und zu entfernen.
— Und vermag denn der, welcher annimmt, die Kreatur sei
ausser Gott, diese Schwierigkeit besser zu lösen?

dass kein Beweis für diese Wahrheit möglich, noch nöthig
ist. Dennoch ist diese Annahme auch nicht unbewiesen,
weil unbewiesen eine jede endliche Wahrheit genannt wird,
an welcher eben das Endliche, nicht das Unendliche (Urwesentliche und Urganze), bewiesen werden muss. Denn nicht
nur das Urwesen, sondern auch alles Urwesentliche in jedem
endlichen Wesen kann und bedarf nicht bewiesen zu werden.
— So müsste Jeder reden, der das Anschaun des Urwesens
hätte. Ihn werden keine Trugschlüsse irre machen; stösst
er, die Uranschauung inausbildend, auf Unmögliches, so erklärt er es für bloss scheinbar unmöglich; und wo er einsehen sollte, dass ihm, in Folge seiner Wesenbegrenztheit,
Aufhellung unmöglich sei, so wird er sich freuen, auch hierin
die Wahrheit erkannt zu haben.

Anmerkung über den Lehrgang dieser Betrachtung.

An dieser Stelle muss nun folgen:
   1) eine Beurtheilung aller zeitherigen Darstellungen
      des Wissenschaftsbaues,
   2) eine kurze Uebersicht der Geschichte der Wissen-
      schaft.
Beides fing ich mit Hopffe an, als der Krieg im März
1813 ausbrach, und er nach Torgau abreisen musste. — Die
Beurtheilung der zeitherigen Encyclopädien begannen wir
mit Eschenburg. Ueber die Geschichte der Wissenschaft
suchte ich ihm in einer Stunde einen Ueberblick zu ver-
schaffen. Ich fand in jenen Tagen nicht Zeit, diese Gegenstände niederzuschreiben.

Daher mögen nur einige Gedanken davon hier stehen,
so wie ich sie aus Hopffe's (nach den Lehrstunden) niederge-
schriebenen Aufsätzen ausziehe.

Anmerkungen zu Eschenburg's Lehrbuch der
Wissenschaftskunde.

Disciplin, so nennt man jedes Einzel- oder Theilganze
der Wissenschaft, welches bestimmte Lehrgestalt gewonnen
hat. — Allerdings ist richtig, was Eschenburg bekennt, dass
sich die Klassifikation der Wissenschaften systematischer entwerfen liess, das ist dem Einganzsein aller einzelnen Wissenschaften gemässer. Eschenburg thut Unrecht, wider Besser-
wissen dem Schlendergange zu fröhnen. Er meint, es sei
dem historischen Geographen nicht erlaubt, die Länder willkürlich zu vertheilen, sondern er sei verpflichtet, sie nach
dem politischen Zustande darzustellen. Muss denn aber nicht

vorher eine Kenntniss der Länder nach ihrer Naturabtheilung vorangehen, wo dann das Politische als Nebensache angebracht wird? — Ein literarischer Geograph ist ein solcher, der die vorhandnen Schriftwerke über die ganze Erde kennt.

Zuerst wollen wir das Inhaltsverzeichniss durchgehen, um zu sehen, wie die Theile geordnet sind. Er fängt mit dem Unterschiede der Kenntniss an und bringt dann erst den Begriff der Wissenschaft vor. Es sollte gerade umgekehrt sein: ehe man die Verschiedenheit des Wissens kennen und verstehen kann, muss man überhaupt wissen, was Wissen und Wissenschaft ist. — Er hat acht Wissenschaften angenommen; aber giebt es denn viele Wissenschaften, und giebt es gerade acht? Warum, und warum gerade in dieser Ordnung?

Es ist nur eine Wissenschaft, in welcher alles Wissen, unter welchem Namen es immer angeführt werden mag, enthalten ist, als ein Theilwissen des Einwissens. Dies ist die Wissenschaft des Urwesens, die Urwesenwissenschaft, das Wesenwissen, die Wesenwissenschaft, mit welcher überhaupt das Wissen angefangen werden muss. Dann folgt die Wissenschaft des Geistalls, dann die des Naturalls und des Vereines Beider. Es ist kein Grund da, dass die philologischen Wissenschaften den Anfang machen. Auch sind die angeblichen acht Wissenschaften hier bloss als nebengeordnet dargestellt, welches bei Eschenburg's Annahme ganz gleich, aber wesenwidrig ist. — Auch fehlt der Eintheilgrund nach dem Erkennenden und Erkannten. Manche Wissenschaften hat er subjectiv, andere objectiv betrachtet.

Sollte die Philologie vollständig bearbeitet werden, so müsste doch zuerst die allgemeine philosophische Sprachlehre vorangehen, ehe die eigenbestimmten Sprachen untersucht werden können. Eschenburg führt auch noch die philosophische Grammatik an; diese gilt ihm aber in einem beschränktern Sinne, als eigentlich sein sollte. Er betrachtet mehr bloss bestimmte Sprachen, und auch diese nur zum Theil.

Die von Eschenburg als zweite genannten Wissenschaften sind die historischen, das ist bei ihm die Kenntniss alles dessen, was sich zeitlich zugetragen hat, die Geschichte der Erdvölker u. s. w. Dieser Theil ist bloss objectiv betrachtet, nicht subjectiv, obgleich dieses gleichwesentlich ist; denn die Erkenntnissart ist ebensogut zeitlich, als ewig. Was Eschenburg Urgeschichte nennt, ist bloss die älteste Geschichte, welche wir (Eschenburg und andre Europäer) kennen, nicht die allumfassende, eine, so wie unter den Wesen das Urwesen. Diese Urgeschichte hat Eschenburg in seinem Inhalte gar nicht mit aufgeführt.

Betrachten wir den vorhergehenden ersten Theil, die

philologischen Wissenschaften, so finden wir, dass da Theile
stehen, die unter die historischen Wissenschaften gehören;
z. B. Entstehung der Sprachen, morgenländische Sprachen
u. s. w. Die Ueberschrift des Geschichtlichen sollte also
auch hier mit über den ersten Abschnitt ausgedehnt werden.

Drittens werden die philosophischen Wissenschaften hier
erwähnt; das ist, dem Worte nach Liebe-Weisheit-Wissen-
schaften; als ob zu dem Wissen der andern Theile, oder überhaupt bei allem Wissen, keine Liebe zum Wissen erforderlich
wäre! Also könnten auch alle andern sieben Abschnitte so
heissen. — Auch unter dieser Rubrik finden wir Theile, die
zu der Geschichte gehören, z. B. Anthropologie, praktische
Wissenschaft, ja am Ende selbst ausdrücklich Geschichte
der Philosophie. — Diesen Theil hat Eschenburg sowohl
objectiv, als subjectiv betrachtet, aber nie gehörig unterschieden. Wer nicht weiss, dass das Wissen sowohl objectiv,
als subjectiv ist, wird es hieraus nie lernen. — Es ist dies
nur so wie von ungefähr hineingekommen, ohne systema-
tisch durchgeführt zu werden.

Es kann jedes Wissen philosophisch betrachtet werden,
wie dies Eschenburg selbst zeigt, so philosophische Grammatik. Diese gehört also eigentlich unter die philosophischen
Wissenschaften, und steht hier unter den philologischen!

Es ist überhaupt hier kein Grund abzusehen, warum
die philosophischen Wissenschaften gerade die dritten sind.
Unter die philosophischen Wissenschaften sind übrigens hier
auch die Naturwissenschaften gemengt, als: Statik, Dynamik,
Optik; auch Geschichtliches, was unter den 2. Abschnitt gehört, z. B. Geschichte der mechanischen Wissenschaften.

Es ist übrigens ebenfalls unrichtig, dass man die mathematischen Wissenschaften als ganz isolirt betrachtet. Jede
Naturwissenschaft ist mathematisch. Nur durch das Anschaun der Grenze eines Körpers wird er für mich. — Die
mathematischen Wissenschaften hat Eschenburg wieder objectiv betrachtet, ebenso wie die darauffolgenden Naturwissenschaften. Es ist bei ihm keine Spur davon zu sehen,
dass man die ewige oder urbildliche Naturerkenntniss aufstellen könne, oder dass die Natur eine Selbstkenntniss habe.

Ferner ist bei alle dem auf den Unterschied dessen nicht
Rücksicht genommen worden, was man durch Erfahrung, und
was man durch Vernunftschlüsse weiss; es ist dies Alles durcheinander geworfen, und sogar miteinander verwechselt.

Mit den übrigen drei Wissenschaften, den Arznei-, Rechts-
und theologischen Wissenschaften, verhält es sich ebenso.

Bei den Rechtswissenschaften sollte doch auch das Ewige,
Urbildliche aufgeführt sein, und zwar als Erstes, und dies
würde dann unter die philosophischen Wissenschaften gehören.

— Positives Recht überhaupt und positives Völkerrecht ist
unter die historischen Wissenschaften zu rechnen.

Die theologischen Wissenschaften, welche hier als die
letzten angeführt werden, handeln, so wie sie hier sich zeigen,
nur von den verschiednen Ansichten, die man von Gott hat,
und zwar wiederum nur von den verschiednen Ansichten der
Europäer und zum Theil der Vorderasiaten; ja selbst von
den europäischen Ansichten werden nur die einiger Sekten
angeführt.

Gerade die Theologie, in ihrer Wesenheit und Vollheit
(Infülle) aufgestellt, würde alle andern Wissenschaften als
Theile in sich fassen.

Ueberhaupt ist die Eintheilung der Wissenschaft in gewisse Fakultäten (die zum Theil grosse Imbecillitäten sind)
höchst zweckwidrig.

Bruchstück eines kurzen Vortrages über die Ge-
schichte der Wissenschaft.

(Nach Hopffe's Nachschrift aufgezeichnet den 20. Junius 1813.)

Es ist noch übrig, eine kurze Darstellung der Geschichte
der Wissenschaft zu geben, wie nämlich die Wissenschaft
unter den Völkern gebildet, verbreitet und verbessert worden
ist; welche Völker es thaten und in dem Besitze derselben
waren; und zwar ist dies in geographischer, ethnographischer
und chronologischer (zeitfolglicher) Rücksicht zu betrachten.
Die volkliche Betrachtung soll vorangehen.

In den ältesten Zeiten finden wir asiatische Völker als
Ausbildner und Besitzer der Wissenschaft, Inder, Siner,
Perser, Babylonier, Araber, Phönizier, Semiten (Hebräer), in
Afrika Aegypter und Karthager, im Norden Kelten.

Die Wissenschaft kann nun in doppelter Hinsicht betrachtet werden, einmal philosophisch, das ist die urbildliche,
ewige Wissenschaft, und dann zeitlich, wie sie sich unter den
Völkern findet. Auch diese hat ihr Ideal, welches man kennen
muss, sobald man beurtheilen will, auf welcher Stufe die
Völker stehen, und wie weit sich die Wissenschaft bei ihnen
dem Urbilde genähert hat. Nur im Anschaun der Idee der
einen ganzen Wissenschaft ist es möglich, die Theilwissenschaften, welche unter verschiednen Völkern verschieden ausgebildet worden sind, zu würdigen und zu erkennen. Hat
man nicht vorher das Ganze als Ganzes erkannt, so wird
man bei dem Erkennen eines Theiles nur den Theil, und nur
theilweis, begreifen; man kann das Uebrige nicht in Gedanken ergänzen, nicht den Theil als wechselwirkend und
wechselbestimmend mit dem Ganzen erkennen.

Wenn wir demnach die Wissenschaft so aufstellen, wie sie bei den ersten Völkern war, so wird es um so vortheilhafter geschehen, wenn sogleich angegeben ist, wie viel und worin sich dieses, oder jenes Volk dem Urbilde der Wissenschaft genähert hat. Es kann zwar, auch ohne die Urbildkenntniss zu haben, eine rein geschichtliche Kenntniss der Wissenschaft zu Stande gebracht werden, wie dies die meisten vorhandnen Darstellungen beweisen; ja die Völker selbst, welche sie bildeten, hatten die reine vollwesentliche Erkenntniss des Urbegriffes und Urbildes der Wissenschaft noch nicht, obgleich, wie an anderm Orte gezeigt, jedes Volk, jeder Mensch unbewusst auch das urbildliche Erkennen übt.

Ferner müssen wir unterscheiden, ob die Wissenschaft rein erkannt worden ist, oder bloss beziehungsweise und im Verein mit andern Dingen. Die Reinheit aber der Wissenschaft ist eine doppelte, einmal, dem Gehalte nach, ohne fremden Beisatz aus einem andern Gebiete, dann in Ansehung der Form, ob sie in rein wissenschaftlicher Form und in reiner Wissenschaftsprache (wissthumsprachlich) dargestellt ist. Denn es kann z. B. ein rein wissenschaftlicher Inhalt in Versmass (metrisch, tongesetzfolglich) vorgetragen werden; ja es kann mit ihr dem Wesentlichen nach Poesie verbunden sein, — Bilder, Gleichnisse, Vergleichungen, Allegorien und andres der Poesie Eigne. Aber auch dem Inhalte nach kann die Wissenschaft gedichtlich sein, wie immer die ersten Wissthumsversuche der Altvölker. — Die Reinheit der Wissenschaft kann aber auch noch so verstanden werden, ob nämlich die Völker die Wissenschaft aus reinem Triebe (Interesse, Geist- und Gemüthstheilnahme) ausbildeten, oder aus bestimmten und beschränkten äussern, wohl auch dabei einseitig äussern Ursachen begehrten; wie: um bewundert zu werden, um besser und stärker, als Andre, zu werden, um über Andre regieren zu können, und um überhaupt durch sie Vortheile über den gemeinen Volkshaufen zu gewinnen. Alles dies ist in verschiednem Grade und in verschiedner Hinsicht nicht reines Streben nach Wissenschaft, welches sich bloss auf das Wahre, als lebenwesentlich, richtet. —

Die Wissenschaft ist also dem Gehalte, der Form und der Absicht des Erkennens nach rein.

Die genannten ältesten Völker hatten sämmtlich die Ahnung der Idee einer Wissenschaft, wie sich aus dem, was uns von ihnen bekannt ist, ergiebt. Sie glaubten, dass ein Wesen sei, in dem Alles ist, und dass deshalb auch eine Wissenschaft sein müsse, worin alle andre als Theile sind. Sie hatten gar keinen Begriff davon, dass mehrere Wesen, als das Urwesen, da sein könnten, sondern bloss das Erste ahnten sie. — Man sieht aus Allem, dass sie den Gegensatz

zwischen der Einheit und Vielheit in dieser Beziehung gar
nicht gekannt haben.   Niemand stellte es da als möglichen
Fall auf, dass die Wissenschaft in mehrern alleinständigen,
neben- und aussereinander seienden Theilwissenschaften gesondert bestehe; so wenig als jetzt der grösste Theil der
Wisser die Möglichkeit der Einheit aufstellt, ja nur ahnt, da
er sie ohne Prüfung für unmöglich hält, oder noch niemals
an sie gedacht hat.

Diese Einheit ahnend, und nur sie für möglich haltend,
bildeten sie auch einzelne Wissenschaften danach aus, welches jedoch nicht ganz rein geschah, sondern durch die Phantasie und das Gemüthsleben, fremde Beisätze erhielt. Aber
auch das Interesse blieb nicht ganz rein, sondern bald wurde
Eigennutz und Stolz und Herrschsucht die Triebfeder, wie
die Kasten und die Priesterorden und Geheimgesellschaften
eben dieser Völker beweisen.   Die im Besitze der Wissenschaft waren, trennten sich von den Uebrigen, verheimlichten
das, was sie wussten, dem Volke und gaben es wohl gar für
Einwirkungen höherer Mächte aus.   Das Volk bekam eine
gewisse Furcht und schauerliche Achtung für diese Kasten
und liess sich bald blind von ihnen beherrschen.   Dieser
Vortheile wegen betrieben nur diese bestimmten Klassen die
Wissenschaft; also nicht aus reinem Interesse um der Wahrheit willen, ob es wohl Einzelne gegeben haben mag, die die
Wissenschaft rein übten. — Wegen dieser Unreinheit und
durch dieselbe ging die Wissenschaft (das Wissthum) dieser
Völker unter, es erstarrte in sich, blieb stehen, schlug um
und ging in den blindesten Aberglauben, die unseligste Wahn-
wuth über.

Was die Reinheit der Form und dem Gehalte nach betrifft, so verhielt es sich damit auf ähnliche Weise.   Sie
stellten die Wissenschaft nicht in der reinen, wissenschaftlichen Form dar, sondern in Bildern; die Poesie war Hülfs-
mittel der Darstellung, wie die noch übrigen Reste alter
Weisheit bei den heutigen Indern, Sinern, Aegyptern u. s. w.
beweisen.   Alle ihre Gesetze waren poetisch und metrisch
abgefasst, so die Reden und Gesänge bei feierlichen häus-
lichen, staatlichen und religiösen Handlungen.   So alles Uebrige des Wissens; und so ist es bei diesen Völkern, sofern
noch reine Ueberbleibsel derselben da sind, noch jetzt.

Schon im Vorhergehenden erwähnten wir, dass diese
Völker anfangs in einer unschuldigen Kindheit lebten, und
deshalb ihnen die Idee der einen Wissenschaft so zu sagen
angeboren war.   Dass aber diese allgemeine Erkenntniss nicht
stark genug ist, um alle Einwirkungen von aussen standhaft
zu ertragen, zeigen uns die Völker, welche sich von jenen
ersten abgetrennt haben.   Nur, wer den Gegensatz des Er-

kennens kennt und daraus weiss, welche Grundansicht und welche einzelne Denkart wahr, oder falsch ist, wer durch Zweifel und ruhige Prüfung aller möglichen Ansichten hindurchgegangen und durch freien Vernunftgebrauch in das Schaun des Urwesens zurückgekehrt ist, wird auch in Ansehung der wissenschaftlichen Denkart und des Ausbaues der Wissenschaft alle äussern Einflüsse bestehen; jede Anwirkung prüfen, nichts ohne Prüfung annehmend oder verwerfend. Die Druiden, welche wahrscheinlich ein Abstamm der Brahmanen sind und sich von Indien aus nach Nordwesten wandten; so auch die Perser und Aegypter verdarben und verdunkelten nach und nach die angeborne Idee und arteten nach verschiednen Seiten hin aus und nahmen die eine, oder die andre einseitige Rücksicht überwiegend an, wohin sie die Aussenanwirknisse, die sie erfuhren, drängten. Die Idee eines Wesens, mithin auch die einer Wissenschaft verlor sich; so bei den Altpersern, indem sie ein gutes und ein böses Wesen annahmen; so die Nordvölker, die ebenfalls zur Annahme mehrerer Gottahmbilder herabkamen, und dann auch die spätern Griechen, welche den Olymp voll Götter glaubten. Es ist allerdings ein grosser Vortheil, wenn Jemand die Ahnung des Einwesens hat, so wie die ältesten Völker; deshalb aber ist derjenige, der sie so eben nicht hat, oder ihr nicht blindlings folgen will, sondern erst durch vorsichtiges Untersuchen, Selbst- und Weltbeobachtung sich gründlich davon überzeugen will, mithin erst in der Prüfung beschäftigt ist und das Dasein des Ein-Ur-Wesens noch nicht annimmt, dennoch eben so hoch zu schätzen, zumal wenn er reines Herzens, unbefangnen Geistes und dabei rein von jeder äussern Nebenabsicht ist. — Denn nur aus dieser reinen Selbstthätigkeit kann lichtes, bewusstes, besonnenes Wissen und Ausbilden der Einwissenschaft hervorgehen. Durch diese Denkart zeichnete sich in neuern Zeiten Kant aus, dagegen Leibnitz, vorzüglich aber Spinoza (der die reinsten Ansichten und, soweit aus seinem Lehren und Leben erkennbar ist, auch Absichten hatte) und neuerdings Schelling die Einheit des Urwesens ohne Vorbereitung aufstellten, ähnlich jenen unschuldigen Erstvölkern der Erde.

Die meisten Anhänger der genannten Philosophen nahmen dagegen diese Lehre blindlings an, besonders weil sie der angenehme Vortrag fesselte.

Bei den ältesten Völkern schon, so wie noch bei den neuesten und bezüglich verstandvollsten, zeigt sich, dass die Mehrzahl der Menschen blindlings, ohne Prüfung, annimmt, was ein angesehener Mann, oder ein angesehener und mächtiger Stand für wahr hält, und eben so blindlings verwirft,

was ihr Mann, oder ihre Männer von Ansehn verwerfen; entweder, weil es die Menge wirklich selbst glaubt, oder sich
um äussern Vortheiles willen dessen überredet. So ist der
Glaube an die Dreieinigkeit des Urwesens bei den ältesten
Völkern, so wie noch bei den meisten heutigen europäischen
Völkern, herrschend geworden; ohne dass die Mehrzahl ihn
geprüft und die darin geschaute Wahrahnung erkannt, oder
in Lichterkenntniss ausgebildet und zugleich den beige-
mischten Wahn zerstreut hätte. Dergleichen Glaubensan-
nahmen werden bei den Völkern so überwiegend, und das,
was man in ihnen glaubt, oder damit nur in irgend einem
Zusammenhang steht, für so heilig und unentbehrlich gehalten, dass derjenige, welcher es widerlegt, oder leugnet, für
den grössten Sünder gilt, ja mit Zangen und Schwertern bis
in den Tod verfolgt wird, wie sehr viele Beispiele zeigen.
So bei den Juden, dann bei den Griechen und Römern, und
zu allen Zeiten und noch jetzt sogar bei den Christen.

Die herrschende Partei würde denjenigen, der die Dreieinigkeit, im dogmatisch-christlichen Sinne, leugnete, noch
jetzt ins Narrenhaus thun, aus der Gemeine stossen und, wenn
auch nicht in allen Christenparteien mehr, tödten, wie es in
frühern Zeiten so oft geschehen. — So lange irgend so ein
blinder Glaube herrscht, kann die eine, reine Wissenschaft
nie vollkommen anerkannt und ausgebildet werden. Es ist
zwar nicht zu verkennen, dass alle solche Annahmen auf
etwas Wahrem beruhen, aber das darin liegende Wahre kommt
nicht zum Bewusstsein, es liegt todt und fruchtlos, und die
ganze Gesinnung des blinden Glaubens ohne freien, gesetz-
mässigen Vernunftgebrauch, ja wohl gar mit Verachtung
aller Vernunft, die dadurch gehegt wird, hat die verderblichsten Folgen.

Auf diesen Standpunkt, dass nämlich in reinem Unter-
suchungsgeiste Alles geprüft, das Wahre von dem Falschen
gesondert und im besonnenen Anschaun des Einwahren, des Urwesens, die Wissenschaft als eingliedlebiges Ganze gebildet
wird, ist bis jetzt kein Volk als Volk gelangt, obwohl einzelne Menschen, und wie es scheint, bloss unter den Deutschen.

Dies galt von den ältesten Völkern. Wir kommen nun
zu den in der Mitte stehenden, nämlich zu den Griechen und
Römern. Die nämliche Art und Weise, die bei ihren Stamm-
vätern herrschte, war auch bei ihnen im Anfange die herrschende;
sie hatten die Wissenschaften in derselben Form und in demselben Gehalte. Dies gilt von den ersten Griechen, welche etwa
2000 vor Christus lebten. Ungefähr 1500 Jahre vor Christus
fingen sie an, davon abzuweichen und eigenaufzuleben. Endlich
zur Zeit des Pythagoras erhielt die Wissenschaft eine neue
Form sowohl, als auch einen reinern Gehalt. Man machte das Volk

mit dem bekannt, was ihnen zeither verborgen war; man betrieb das Wissen aus reinerm Interesse, und mit Hinsicht auf gesellschaftliche Verbesserung des Menschheitlebens, nicht bloss, oder vorzüglich der Aussenvortheile halber. Dazu trug auch die Lage des Landes bei, so auch das Klima und der Charakter der Griechen, dass sich in Griechenland die Wissenschaft so frei und so schnell erhob und ausbreitete.

Nach Pythagoras waren die vorzüglichsten Philosophen Sokrates, Platon, Aristoteles, welche das für das Eigenleben der Griechen Höchste Mögliche in der Wissenschaft in Ansehung des Ganzen und des Lebensgeistes der Wissenschaft erreicht zu haben scheinen. Sokrates verband reinen Untersuchungsgeist mit Anschaun des Urwesentlichen. Platon lehrte die Anschauung des Urwesens (als des ὄντως ὄντος), und das ewige Wesentliche der Ideen. Aristoteles wich zwar im Wesentlichen von beiden ab, bildete aber die geistinnlichen (subjectiven) Theile der Wissenschaft, vorzüglich Logik und Untersuchungskunst (Organon und Organik) aus und erweiterte und ordnete die rein geschichtlichen und beschreibenden Naturwissenschaften. — Sokrates musste, seiner Grundansicht nach, die Vielheit vermeinter Götter verwerfen und somit die Grenze des griechischen Eigenlebens betreten und, mit vorschauendem Blicke in das Lichtall der Wahrheit, überschreiten*). Dies zog ihm nothwendig den Giftbecher zu, denn das Volk war noch nicht in

---

*) Nicht alle Völker erreichen die Blüthe ihres Eigenlebens, und nicht in allen Hinsichten, nicht in allen Theilen des Menschheitlebens, gleichförmig. Wer in irgend etwas Höherem die Grenze dieses Eigenlebens erreicht, wird in der Folge von diesem Volke nicht übertroffen, meist verfolgt, gehasst, gemordet. Aber er ist ein faulendes Samenkorn für die Saat der Zukunft, ein Samenkorn, welches der allgemeine Luftstrom des Menschheit-Geistes in andre Erdgegenden zu andern noch jugendlichen Völkern — auf bessern Boden — hinführt. Mit solchen Menschen erwacht ein Neueigenleben, oft in später Nachzeit, an ganz anderm Orte und in ganz anderm Volke. Die Menschheit und einzelne Völker, welche wirklich mehrmals neu auflebten, gleichen hierin dem Rohrstamm, der gesetzfolglich in neuen Knoten sich verdichtet und dann neue Blätter absondert, dem Baume, der jedes Jahr neue Zweige treibt. — Es ist wichtig, in allen menschlichen Dingen die Grenze des Eigenlebens eines Volkes, oder eines Völkervereines zu finden, und die Menschen zu finden, die diese Grenze erkannten, thätig ausfüllten, über sie hinausschauten und sie überschritten. So hatte die wiedergeborne Kunst durch katholisch-christliche Dichtung und Begeisterung (und Befruchtung) ihre Höchstblüthe in Raphael, Michel Angelo, Correggio, Leonardo da Vinci, und von menschlicher Seite in Titian und Andern. Daher seitdem nur Nachahmer. Treibt die Menschheit im jetzt nahenden Lebensfrühlinge neue Zweige, dann lebt auch Wissenschaft und Kunst neu, reingestaltiger und höhervollendet auf. (Vergl., was ich in den Drei ältesten Kunsturkunden der Freimaurerbrüderschaft im 2. Bande [der ersten Auflage, 1813, und der zweiten Auflage, 1821] über die Juden gesagt habe.)

der Anschauung des Reinen, Einen, Wahren. Seine selbst-
forschende Denkart wurde als solche in der Pyrrhonischen
Schule weiter ausgebildet, ohne bis zur reinen Klarheit, bis
zum besonnenen Anerkennen des Urwesens hindurchgeführt
zu werden. Die Höherbildung der Wissenschaft der Griechen
erlosch mit ihrem Eigenleben, welches staatlich, in der Römer-
despotie (Römerfrechherrschaft), religiös in dem Christenthume,
als selbständige Erscheinung, nicht aber als höhere Bildkraft
der Menschheit, unterging. — Die griechische Wissenschaft
erhob sich auch durch Sokrates, Platon und Aristoteles zu
der wahren Lehrart, welche nicht durch blosses Vorsagen in
Andern Wissenschaft erzeugen will, sondern in freiem Gespräch, wo Jeder selbstthätig ist und wissenbildet. — Daher
auch die genannten Männer bis jetzt allein philosophische
Schulen von Selbstforschern, nicht von Nachbetern, bildeten.
    Dann verband sich das Christenthum, hinsichts seiner
Lehre ein Vereinergebniss der indischen, persischen, ara-
bischen und hellenischen Wissenschaft, besonders mit der
platonischen Philosophie, welche indess von den Neuplato-
nikern voreilig und schwärmerisch, aber tiefsinnig, vom Hei-
denthume (Vielgötterei) behaftet, aber menschheitinnig ausgebildet worden war. Die Kirchenväter konnten es zu keiner
durchgeführten Wissenschaftsbildung bringen, weil sie die
geistige Wurzel der Wissenschaftsbildung: selbstthätiges, freies
Forschen, eigne besonnene Anerkennung des Wahren und
Verwerfung des Falschen, durch Satzungenglauben, durch vor-
eiliges Anwenden von Wesenahnungen auf einen, oft nicht
ohne Absicht, fabelhaften Geschichtsstoff untergruben und
schädigten. Sie konnten daher bloss Eklektiker sein, —
nehme man ihnen aber, was ihnen Philosophie gab, so bleibt
selbst von ihren allgemeinen Lehrsatzungen Nichts übrig.
    Die Lebensstürme des Mittelalters von der Völkerwan-
derung bis zur Kirchenverbesserung in Europa liessen in den
Klöstern Keime reinen Menschheitlebens unzerstört; in ihnen
bildete sich die scholastische Philosophie, bis durch weiser
Männer Bemühen sodann auf den europäischen Hoch-
schulen Italiens, Frankreichs, Englands und Deutschlands ein
freies Leben hervorblühte und so den Reformatoren Wiclyffe,
Huss, Luther Ursprung und Wirkungskreis gewährte und
im Verein der wiedererweckten hellenischen Wissenschaft
und Kunst und der erweiterten Erdumschauung in Länder-
und Völkerkunde und der hervorblühenden Buchdruckerei,
= Menschheitselbstgespräch, theils die Geister von äussrer
Zwingherrschaft unabhängiger, theils von vielfachen Vor-
urtheilen freier werden liess; so dass nun in Europa,
nachdem dieser Kreislauf der griechischen Philosophie geschichtlich erneuert und nochmals von den europäischen

Völkern auf eigne Weise durchgelebt worden war, in urgeistigen Denkern wie Spinoza, Leibnitz die erste Früh-helle und in Kant, Reinhold, Fichte, Schelling, Bardili, Bouterwek, Stutzmann, Ast, Hegel, Rixner und einer Gross-zahl ihnen ähnlicher Geister — die Morgenröthe der neuen Wissenschaftsbildung vorgeleuchtet, und nun, wenn dieser Vorhof des Wissenschaftsbaues verstanden, gewürdigt, ge-reinigt, weitergestaltet wird, endlich der volle Morgen des Wissenschaftstages (Wesentages) dieser Erde aufgehen kann und — ich hoffe es zu Wesen — aufgehen wird! —

Lightning Source UK Ltd.
Milton Keynes UK
UKHW022132050820
367766UK00008B/179